基于理解的
逆向教学设计
案 例 集

王新颖 / 主编

上海社会科学院出版社

主　编　王新颖

策　划　胡立德

撰稿人　曹慧蔚　李　琳　朱　红　夏春美　俞　彤　沈叶婷
　　　　张辉霞　朱秀秀　王新颖　陆丽娜　徐丹华　严贞珍
　　　　于金美　金雨相　俞吉萍　史玉娟　吕艺萌　汤莉君
　　　　俞宝娟　陈　晔　褚晓莉　金卫勤　吴淑琼　袁　寒

前　　言

　　上海市金山区朱泾第二小学（简称朱泾二小）位于上海市西南远郊，学校前身为辅仁初等学校。自百年校庆以来，校领导梳理办学理念，把创办之初辅仁初等学校的"仁"字传承和发扬，将"爱心"和"学习"作为两个关键词，确定了"以爱立人，以学成人；七彩童年，幸福人生"的办学理念和"培养有爱心、善求知、乐实践的七彩少年"的育人目标。同时，学校架构了"七彩课程"体系，期望通过在校课程的系统学习，以"爱心"培养为引领，促进学生德智体美劳全面发展，让每一个孩子"被看见""被关爱""被需要"，让每一个生命绽放属于自己的色彩，由此汇成绚丽的彩虹，点亮七彩童年，为幸福人生奠基！

　　作为一所普通公办学校，在不挑生源、不聚集优势资源的背景下，如何去除高学习负担下"知识学习"的忙碌假象，还学生以绿色生态的学习环境？如何既使课程满足学生多元发展的需求，同时又满足家长们对学业质量的高要求？设计优质课程、变革课堂教学是学校实现育人目标的必然路径。《基于理解的逆向教学设计案例集》正是七彩教师课程育人、课堂转型探索之路上的成果之一。

　　基于理解的逆向教学设计以单元整体设计为魂、以逆向设计为根，是撬动课堂转型的一个支点。从课程标准到教学目标，中间存在着一段比较大的距离，必须经过多重转换。教师以往可能更关注的是课时目标和单课教学，研究表明，将越小的内容领域作为教学的最基本单位，教师的注意力就越聚集在具体事实和具体知识点上，而忽略能力、态度和素养的培养。如何让这些分散的课时教学变成一个系统的整体，这就需要自上而下分解教学目标，以主题为单位形成系统的单元整体设计。而在单元设计过程中，为避免灌输式教学和缺乏目标的泛活动教学，就需要基于理解的大概念教学、重要表现性任务设计。因为相对于零散的知识而言，表现关系、结构、本质的上位概念更能够实现模式识别和意义建构，进而实现高通路迁移，达成素养培育的终极目标。

  传统教学中教师往往直接根据教学内容去设计教学环节，再设计评估证据，这个习以为常的程序深深根植于教师的教学设计理念中。但是，"向来如此"并不一定科学。"基于理解的逆向设计"秉持的是以终为始的理念，将"评估证据"前置，提至"学习活动设计"之前，即评价依据在先，教学环节在后。教学就像旅行，教学目标就是目的地，教师首先要知道师生将去哪里、如何证明学生已经"到达目的地"，才能在教学过程中有明确的目标，清晰地设计路线，最终引领学生共同到达。

  因此，学校在国家课程校本化实施的过程中，以逆向设计作为单元整体设计的抓手，实施"确定预期的学习目标—确定合适的评估证据—确定合适的学习活动"的教学设计，打通"核心素养—课程标准（学科素养/跨学科素养）—单元设计—课时计划"课程发展与教学实践中环环相扣的连接通道。

  这无疑对教师的教学设计提出更高的要求。早在几年前，学校就为每一位教师购买了《追求理解的教学设计》，教师以社团为单位进行研读、研讨并围绕主题进行案例撰写，聘请专家进行评比，为转变教学设计理念奠定了基础。近两年来，学校持续邀请市、区教研专家开设讲座，辅导教师进行单元设计。在这个过程中，教师提升了基础课程单元设计能力以及将核心素养落实在单元、落实在课时的能力，也撰写出了一批逆向教学设计案例。这些案例原本已经截稿，2022年4月，教育部颁发了《义务教育课程方案和课程标准（2022年版）》后，交稿的教师根据新的课程标准进一步修改稿件，最终呈现出本书中一份份基于理解的逆向设计案例。这些设计并不是终点，而是起点。未来，教师们将在教育教学实践中不断应用、完善、迭代，创造属于自己的实践智慧。

  让我们在教育教学变革之路上携手同行，且行且思！

目　录

前　言 /1

"我爱我的国"主题教育活动逆向教学设计　曹慧蔚　/1

"学会感恩"主题教育活动逆向设计　李　琳　/8

"同伴相处"主题教育活动逆向教学设计　朱　红　/16

小学语文习作"把一件事写清楚"单元逆向教学设计　夏春美　/24

小学语文"革命先辈"单元逆向教学设计　俞　彤　/32

小学语文"儿童生活"单元逆向教学设计　沈叶婷　/41

小学语文"观察与发现"单元逆向教学设计　张辉霞　/49

小学语文"神话"单元逆向教学设计　朱秀秀　/57

基于大概念的单元逆向教学设计——以小学数学"正方体与
　　长方体的表面积"为例　王新颖　/65

小学数学"三位数加减法"单元逆向教学设计　陆丽娜　/73

小学数学"统计"单元逆向教学设计　徐丹华　/81

小学数学逆向教学设计——以三年级第二学期"几何小实践"
　　单元为例　严贞珍　/88

小学二年级"几何小实践"单元逆向教学设计　于金美　/96

小学英语 "1AM4U3 In the park" 逆向教学设计　金雨相　/104

小学英语 "3BM1U2 Touching and feeling" 逆向教学设计　俞吉萍　/112

小学英语 "1BM2U3 Drinks I like" 逆向教学设计　史玉娟　/120

"我们从小爱劳动"活动逆向教学设计　吕艺萌　/130

小学劳技 "材料与工具" 单元逆向教学设计　汤莉君　/138

小学劳技 "简易连杆玩具" 单元逆向教学设计　俞宝娟　/146

小学自然 "磁" 的逆向教学设计　陈　晔　/154

小学科学 "人的一生" 逆向教学设计　褚晓莉　/161

小学心理健康 "我想学习更有趣" 单元逆向教学设计　金卫勤　/169

小学美术 "版画艺术" 单元逆向教学设计　吴淑琼　/176

基于理解的传统文化单元逆向教学设计——以小学美术 "走近名作"
　　单元为例　袁　寒　/183

"我爱我的国"主题教育活动逆向教学设计

曹慧蔚

随着社会的快速发展，社会对于人才的综合素质及思想道德品质等方面的要求越来越高。因此，学校和教师要更加注重对学生进行德育和爱国主义情怀的培养。所谓德育，就是要对学生进行思想、政治、道德、法律和心理健康等方面的综合教育。德育是学生在学校教育中的重要组成部分，与智育、体育、美育等紧密联系、彼此渗透，对学生的健康成长起着重要的引导作用。而在重视德育的大背景下，要更加注重在德育中渗透爱国主义情怀教育，激发学生的爱国热情。班主任要深刻地认识到，爱国主义情怀的培养对学生今后的发展和国家未来的发展都具有十分重要的意义。因此，班主任要设计有效的教学方案，来培养学生的爱国主义情怀。

一、逆向教学设计的基本内涵

美国教育家威廉·斯派蒂在1980年代提出了"成果导向教育"理论，认为所有的课程和教学决策都基于如何最好地促进实现预期的最终学习结果。学生在课程结束时应展示的学习结果包括知识、技能、价值观和态度。它对学生强调的是：在开始航行之前，你必须知道旅程的最终目的地。逆向教学设计的程序沿用了这一理论的导向策略，学习成果是第一步，接着是评估策略，然后是多样的教学方式、学习活动。学生的学习结果则构成课程开发或课程设计的关键标准。逆向教学设计是相对于一般的教学设计而言的。一般的教学设计往往先是设计，再是开展学习活动，而后检测评估。而逆向教学设计是先确定学习成果和评估证据，再设计学习活动，具有坚持成果导向、程序重构的特点。

同时，逆向教学设计强调对事物的理解，所有学习结果都必须以理解为基础。关于"理解"，逆向教学设计者提出了六个层面：①能解释（说明）：对于现象、事实、资料等提出有系统的叙述，做出有联系的分析，并提出阐明性的举例或例证。

②能阐明（诠释）：讲述有意义的故事，对概念或事件能客观地揭示其意义。③能应用：将所学应用于新的、独特的、真实的情境中，或未知的情境中。④能洞察（有观点）：提出对事件、主题或情境的个人看法，并做出分析与结论，提出解决问题的方法。⑤能神入（有同理心）：展现设身处地为他人着想的能力。例如参与角色扮演、解读他人想法，以及分析他人行为并为其辩护等。⑥能自知：自我反思与评价，以及阐述反思后的新认识，克服有偏见的想法。

不难看出，上述逆向教学设计的逻辑构成了逆向教学设计的三个阶段：预期的学习结果，评估学习结果的证据，达成学习结果的学习活动。在此，我们以学校德育中非常重要的爱国主义主题教育系列活动为例，尝试进行三阶段逆向教学设计。

二、"我爱我的国"主题教育活动的逆向教学设计

阶段一：预期的学习结果

一般来说，预期的学习结果由学习目标和学习结果（迁移能力、理解、基本问题、知识和技能）组成。其中，目标是教学指向，结果则是学习导向。上述"理解"的六个层面是获得学习结果的基础，学习结果分别建立在相应的理解层面基础之上。

1. 预期的学习目标

一是知道家是最小的国，国是千万家；二是理解国家和个人的关系；三是培养家国情怀，热爱祖国。

预期的学习目标源于学校德育目标，而学校德育目标的依据是社会主义核心价值观、《中小学德育工作指南》和学校的育人目标。"我爱我的国"源自社会主义核心价值观之公民个人层面的价值准则，源自《中小学德育工作指南》规定之"理想信念教育""文明礼仪教育""中华传统美德"等教育内容，源自《中国学生核心素养》中的"社会参与""责任担当"等素养；同时，源自学校育人目标中的道德因素。

2. 预期的学习结果

预期的学习结果自当是上述预期学习目标引领下的"我爱我的国"的学习结果，包括学生能够在主题教育活动后，将爱国行为成功迁移到主题活动之外的场

景,理解爱国的深层意义,理解爱国对促进社会进步的重要意义,获得爱国的具体知识和技能。这些结果都体现了学生对"爱国"不同层面的理解。

(1)预期的迁移。

学生将能独立应用其学习成果,以便①在实际生活中具体运用爱国的知识与技巧;②在社会活动中增强社会认同感,对自己自律,能以一个合格公民的标准要求自己。

(2)预期的理解。

理解的对象是大概念。本主题教育活动的大概念是国家、家国情怀;子概念就是从爱自己开始,从身边事做起,好好学习,努力成为未来合格的接班人。

本单元学生需要理解的事项是:

① 知道国家与个人之间是有关系的,每个人的命运都和国家息息相关的观点有待深入学习。(能解释、能阐明)

② 爱国行为有很多,至于怎样做就是热爱祖国,学生往往只关注新闻报道中的大事件,忽略身边力所能及的事。(能洞察)

③ 要具备同理心,多关注新闻报道中的爱国事迹和身边有爱国行为的人。(能神入)

④ 自我反思和评价自己是否具有爱国之心、爱国之行,能否实时关注国家重要的新闻,从力所能及的事情做起。(能自知、能应用)

学生需要思考的主要问题是:

① 国家和个人存在什么样的关系?

② 为什么个人命运都是和国家命运息息相关的?

③ 爱国行为有哪些?

④ 身边有爱国行为的人都有什么共同的品质?

⑤ 为什么要具备同理心?

⑥ 身边哪些人有爱国行为?

⑦ 能经常反思自己,评价自己有爱国之心、爱国之行吗?

⑧ 是否实时关注国家新闻,从力所能及的事做起?

（3）预期获得的知识和技能。

学生将知道：①家国之间的关系；②国家发生的巨大变化和无数为之奋斗努力的爱国人士密不可分；③爱国之士身上具备的共同品质；④爱国不需要多少惊天动地的壮举，好好学习，做好每一件事情也是爱国的表现。

学生将有能力：①用实际行动爱自己、爱家人，从而更好地去爱国；②有感悟他人的爱国行为和品质的理解力；③爱国从身边力所能及的事做起；④反思自己在日常生活学习中还存在的不足。

阶段二：确定合适的评估证据

学生通过以下证据显示他们真正理解何谓"爱国"。

1. 表现性任务

（1）能说出个人应该融入国家、个人利益服从国家利益的道理。

（2）能用具体事例说明个人命运与国家利益息息相关。

（3）能说出有爱国行为的人的共同品质。

（4）能举例说明哪些人有爱国行为，并说出具体的行为。

2. 其他证据

（1）知道什么是同理心，并且知道为什么要具备同理心。

（2）能经常收看新闻，做一些力所能及的事。

3. 自评与反馈

（1）以现阶段表现为准，自我评价及同伴互评，评估自己是否具有爱国之心、爱国之行，能制定近阶段的努力目标。

（2）做一件力所能及的事来践行自己对祖国的爱。

阶段三：确定合适的学习活动

学习活动建立在学习目标和评估证据的基础上，设计学习活动时，我们要始终以学习目标和评估证据为参照。要思考哪些学习活动和教学能够使学生达到预期结果。格兰特·威金斯和杰伊·麦克泰格在其逆向教学设计中，列出了关键的教学和学习活动，并以相应字母为每个活动编码：

W——了解单元学习的方向（where）和预期结果（what）。

H——把握（hook）学生情况和保持（hold）学生情趣。

E1——Equip，代表知识体验观点的探索。

R——Rethink/Revise，反思和修改。

E2——Evaluate，允许学生对自己的作业和应用进行自评、互评。

T——Tailored，根据学生个体的需求、兴趣和能力来设计作业和活动。

O——Organized，组织教学，使其最大限度地提升学生的学习动机与持续参与的热情，提升学习效果。

依据上述活动编码，我们设计了如下"我爱我的国"主题系列教育活动：

（1）观看视频《孟晚舟归国》后展开小组讨论，加拿大政府羁押孟晚舟近三年，最终孟晚舟顺利回国，这一事件说明了什么？（E1 O）

（2）寻找身边老师、家长、社区居民中有爱国行为的人，概括他们身上的品质。（E2）

（3）通过个人在班级、学校、社会不同层面的行为表现，组织学生进行判断及讨论。（E1 O）

（4）当2020年新冠疫情暴发，曾有一段时间口罩紧缺，一些汽车、家电、手机制造商纷纷"转战"口罩生产，并迅速投入这场全球抗疫战斗中。就这个现象与小组同伴交流并发表自己的观点。（E2）

（5）将课前找到的袁隆平、邓稼先、钟南山等人的故事与同伴分享，发表自己的观点。（E2）

（6）找到自己身上的爱国行为，发现自己的优点，自己说一说哪些可以做得更好，并指出自己还要增强哪些爱国行为。（R E2）

（7）学生每人制订一份爱国行为计划，内容包括：①每天是否收看新闻，并写清时间；②每周完成一件力所能及的事，每完成一件打个√；③选择70年来祖国大事件中的一件，写心得体会并进行全班交流。（T E2）

（8）分组讨论：是否只有做大事才算爱国，在家里能够对自己有要求、有约束，从身边小事做起就不算爱国？（E1）

（9）社会调查：寻访身边的党员先锋，完成一份先锋模范记录卡，归纳这些党

员模范身上的品质以及他们对国家的贡献。(E1)

（10）集体讨论：说说自己好好学习，做好每一件事的具体表现有哪些。(E1 R)

以上10个活动共8课时，体现学生爱国概念的形成、内化、外化过程，也是落实理解6个层面的过程。具体安排是：第一课时活动（1）是形成爱国概念的初步阶段，属于理解的"能解释"层面。第二课时活动（2）是爱国概念形成的巩固阶段，属于"能阐明"层面。第三课时活动（3）是内化爱国概念的初步阶段，属于"能洞察"层面。第四课时活动（4）是对爱国概念内化的巩固阶段，属于"能神入"层面。第五课时活动（5）是对爱国概念外化的初步阶段，属于"能应用"层面。第六课时活动（6）（7）是对爱国外化的巩固阶段，属于"能应用"和"能自知"层面。第七课时活动（8）是对第六课时的进一步巩固。第八课时活动（9）（10）是对爱国概念升华阶段，是理解6个层面的综合运用。当然，以上活动中学生对爱国概念的形成、内化和外化，以及属于理解的哪个层面可能相互渗透、融合。

三、逆向教学设计的反思

1. 逆向教学设计在本案例中的体现

逆向教学设计的"逆向"在本教学设计中的体现，首先是依据相关政策和课程标准及学情、育人目标等确定学习目标，并转化为"预期的迁移""预期的理解""预期获得的知识和技能"等预期的学习结果，这是关键的第一步。据此，设计第二阶段的评估证据和第三阶段的学习活动。比如，第一阶段设计的"预期的迁移"中有"将爱国的知识与技巧在实际生活中具体运用"的学习结果，在第二阶段中就设计了"表现性任务"："能说出有爱国行为的人的共同品质，以现阶段表现为准，自我评价及同伴互评，发现自己是否具有爱国之心、爱国之行"的评级指标作为评估证据；在第三阶段设计了第7项打卡任务和第9项"社会调查"，用这两个活动实现学习结果。这两项活动效果以及第一阶段预期的学习结果是否实现，则用第二阶段的证据来评估。这样，教学设计的三个阶段就构成了一个完整的循环。

逆向设计，实际上是将代表学生发展、可观察、可测量的学习结果作为教学设计的起点，三个阶段形成了逆向关联的回归设计形式。证据作为学习结果的衡量尺度，学习活动作为实现学习结果的载体，都为回归学习结果而设计。在本教学设计中，所有的学习结果都有相应的评价证据来衡量，也都有相应的学习活动作为载体来落实，保证了三个阶段的适应性关联。

2. 逆向教学设计要重视对理解的建构

逆向教学设计之所以受到重视，除了其与程序重构有密切关系外，也与对"理解"有具体要求有关。逆向教学设计的学习结果有一个限定性的规定，即基于理解的学习结果。因此，在设计阶段，要将"预期的理解"内容落实在本阶段学习结果的所有要素之中。

在"阶段二"中，合适的评估证据也要融合理解的要求。我们在设计评估证据时，对每条证据融合在理解的哪个或哪几个层面要做到心中有数。必要时，可以对融合的情况进行标注，以明确哪条证据融合了理解的哪个层面。"阶段三"亦是如此。

3. 对教师教学意识的思考

在传统的教学设计中，教师的主体意识在"我"，将自己的作用定位于德育活动的"主宰"而非"主导"。因此，其教学设计重在"我应该怎样教"，忽视了德育活动的功能目标，即德育活动能在学生身上产生的预期结果。这就导致我们通常看到，教师只注重开展了什么德育活动，而不问活动的结果如何，也不考察德育活动后学生有什么变化。逆向教学设计的优势在于，教师要依据德育目标和学情，思考在德育活动中学生"能学到什么，能做到什么"，将学生定位为德育活动的"主体"，将学习结果作为教学设计的起点。这种以学习者为中心的教学意识，遵循以目标达成作为基础的现代教育原则，反映的是教师德育主体意识的转变。这种转变，对于学校德育变革和社会主义核心价值观的培育和践行，具有重要的现实意义。

"学会感恩"主题教育活动逆向设计

李 琳

感恩教育是一种爱的教育，是富有生命力的教育。小学生作为祖国发展的希望和未来，感恩教育是培养他们责任感的重要基础。他们懂得感恩，才会懂得付出，才会有责任感，想为社会的稳定、为国家的富强贡献自己的一份力量。

我们的感恩教育要贴合学生的实际情况，对三年级的小学生来说，可以开展一些有意义的主题活动，在活动中，让小学生从小有感恩之心，懂得感恩身边的人，以实际行动回报身边的人、回报社会。

在传统的主题教育活动的教学设计中，教师更多关注到自己要"教"什么，怎么"教"，而忽略了学生的"学"。一堂主题教育活动课上完，学生对于这堂课的重点掌握较少，甚至不够清楚这堂课的重点。1998年，美国教育评估专家格兰特·威金斯和杰伊·麦克泰格在《追求理解的教学设计》中，为教学设计提供了更关注学习本质的方法，提出了"逆向教学设计"。这样的教学设计围绕目标开展教学，能确保教学过程不偏离、不分散，更好地提升学生的理解能力，从而促进学生更好地理解教学过程，并且能迁移所学的能力。

一、逆向教学设计的内涵

格兰特·威金斯和杰伊·麦克泰格认为反向的课程设计是最有效的。他们在《追求理解的教学设计》一书中指出，逆向教学是教师从最终的结果——预期的目标或标准出发，然后根据目标或标准对学生学习的要求以及达到此要求而实施的教学来设计课程。围绕目标开展教学能够确保教学过程不偏离、不松散，从而促进学生更好地理解教学过程。指向核心素养的逆向教学设计分为三个阶段。第一阶段是预期的学习目标，第二阶段是预期的评估证据，第三阶段是预期的学习活动。逆向教学设计在设计教学之前，一定要先思考学生能达到的预期效果，如：设计哪些学习活动能帮助学生取得预期的学习结果？用哪些证据能体现学生的理解和掌握程度？解决了这些问题，就能更好地展开教学。

二、"学会感恩"主题教育活动逆向教学设计

阶段一：预期的学习结果

1. 预期的学习目标

本单元确定"学会感恩"活动的预期目标是：

（1）通过小故事充分体验到爱的存在和感恩的必要性。

（2）了解家人做的事情，认识到要有一颗感恩之心。

（3）学会感恩，尊重他人，与人和谐相处。

（4）用实际行动回报身边的人、回报社会。

设置这些目标的依据是：

"感恩"源自社会主义核心价值观之"爱国"和"友善"。《中小学德育工作指南》中提出要发展学生道德认知，注重学生的情感体验和道德实践。《中小学德育大纲》中规定："学生要具有良好的道德品质和文明行为。"《中国学生核心素养》中"文化基础"之"人文情怀"和"自主发展"中的"健康生活"等素养里，都提到了"感恩"。《义务教育品德与社会课程标准》（2011年版）中主题一"我的健康成长"第2条提出，学生要懂得做人要自尊、自爱，愿意反思自己的生活和行为；第5条提出，学生要"懂得感恩和基本的礼仪，学会欣赏、宽容和尊重他人"。《普通高中课程方案》（2020年修订）中明确指出要培养具有自主发展能力的孩子，懂得尊重他人，与人和谐相处。《普通高中思想政治课程标准》（2020年修订）中指出要培养学生公共参与素养，增强公德意识和参与能力，追求更高的道德境界。

2. 预期的学习结果

（1）预期的迁移。

迁移是将所学到的知识和技能运用到新的情境中。

① 在实际生活中能够懂得感恩、尊重他人。

② 用实际行动来回报身边人、回报社会。

（2）预期的理解。

理解的对象是大概念。本单元的大概念是"爱"（感恩、尊重、关心、和谐相处）。

逆向教学设计强调对事物的理解，所有学习结果都必须以理解为基础。关于理解，格兰特·威金斯和杰伊·麦克泰格提出了"理解"的六个层面：①能解释（说明）：对于现象、事实、资料等进行有系统的叙述，做出有联系的分析，并提出阐明性的举例或例证。②能阐明（诠释）：讲述有意义的故事，对概念或事件能客观地揭示其意义。③能应用：将所学应用于新的、独特的、真实的情境中，或未知的情境中。④能洞察（有观点）：提出对事件、主题或情境的个人看法，并做出分析与结论，提出解决问题的方法。⑤能神入（有同理心）：展现设身处地为他人着想的能力，例如参与角色扮演、解读他人想法，以及分析他人行为并为其辩护等。⑥能自知：自我反思与评价，以及阐述反思后的新认识，克服有偏见的想法。

（3）本活动需要理解的事项。

① 理解感恩的多种方式及其联系（能说明）。

② 了解感恩的重要性（能诠释）。

③ 知道感恩和尊重他人的方式（能应用）。

④ 感恩并敬重对自己付出的人（有观点）。

⑤ 多关心家人、同伴等身边人的意义（有同理心）。

⑥ 能反思自己在感恩方面做得怎么样（能自知）。

（4）学生需要思考的基本问题。

基本问题由预期的理解转换而来。理解是抽象的，问题是具体的。

① 什么是感恩？哪些例子能体现感恩？这些例子之间有什么相同和不同之处？

② 为什么感恩对人的关系很重要？（和谐相处）

③ 用什么具体的方法感恩和尊重他人？

④ 为什么要感恩和敬重对自己付出的人？

⑤ 为什么要关心家人、同伴等身边的人？如何关心？

⑥ 用什么方式反思自己在感恩方面做得怎么样？为什么要反思？

（5）学生将要掌握的知识与技能。

① 感恩的含义和主要表现。

② 感恩对人际关系的重要性。

③ 感恩和尊重他人的具体方法。

④ 反思的具体方法。

阶段二：确定合适的评估依据

合适的评估证据能帮助我们知道学生是否达到了预期结果，证明学生的理解和掌握程度。

1. 表现性任务

（1）小调查——在小问题中，回忆自己对家人的了解，从而发现自己不够了解家人。

（2）讲故事——说说家人为自己做过的事，以及自己为他们做过的事。

（3）经验分享——能以口头或书面的方式，表达自己的感恩之情。

2. 其他证据

（1）能说出感恩的含义和主要表现及异同。

（2）能说出感恩对人际关系的重要性。

（3）知道感恩和敬重他人的具体方法。

（4）在实际生活中，有具体的感恩和尊重他人的行为。

（5）能说出为什么要关心家人、同伴等身边的人。

（6）能说出反思的具体方法。

3. 自我评价和反馈

（1）以事实为准，反思自我是否有感恩、尊重他人的行为。

（2）同学相互评价对方讲的故事，评价其故事中是否用语言或者行动表现出了感恩和尊重。

阶段三：预期的学习活动

这个阶段的学习活动设计要思考三个要素：活动顺序、关键活动和活动编码。

为了便于把学习体验和教学活动按照优先次序进行排列，逆向设计以W、H、E、R、E、T、O七个字母为活动进行编码，字母的含义分别为：

W——帮助学生知道本单元学生的方向（where）和预期的学习结果（what）。

H——帮助教师把握（hook）学生的基本情况和保持（hold）学生的学习兴趣。

E1——武装（equip）学生，帮助他们体验（experience）主要观点和探索（explore）问题。

R——为学生提供机会去反思（rethink）和修改（revise）他们的理解及学习表现。

E2——为学生提供机会去自我评价（evaluate）。

T——对于不同学生的需要进行量体裁衣（tailored）。

O——合理组织（organized）教学，提升学生的学习动机和学习效果。

依据上述活动编码，设计本单元学习活动顺序如下：

（1）播放歌曲《感恩的心》，引出本次"感恩"的主题活动。（WH）

（2）抢答。用图画或文字呈现例子，思考哪些例子能体现感恩，以及例子之间的相同和不同之处。（E1）

（3）听故事：从和谐相处的角度思考为什么要感恩。（E1 O）

故事：孙中山患肝癌不忘感恩

有一天，孙中山先生病了，在医院住院治疗。当时，孙中山已经是大总统了，对医务人员仍很尊重，讲话很谦逊。平时，无论是早晨或是晚间，每当接到护士送来的药品，他总是微笑着说声："谢谢您。"敬诚之意溢于言辞。

1925年，孙中山患肝癌，弥留之际，当一位护理人员为他搬掉炕桌时，他安详地望着她，慈祥地说："谢谢您，您的工作太辛苦了，过后您应该好好休息休息，这阵子您太辛苦了。"听了这番话，在场的人都泣不成声。

（4）创设情境，小组思考并讨论用什么具体方法感恩和尊重他人。（E1）

情境：小明是三年级的一名学生，前段时间他一不小心摔了一跤，脚骨折了，无法正常行走。班级里的同学知道小明骨折后自发帮他拿作业簿、书包、饭盒，课后搀扶他上厕所，辅导他的作业，关心他的学习……现在，小明的脚痊愈了，他非常感谢帮助过自己的同学，也想为他们做些什么。请你帮他想一想，他可以怎么感谢这些同学？

（5）做游戏并思考：你最想感谢谁？为什么？（H E1）

游戏：请同学们上台表演，做出一个动作或一个场景，让大家猜猜他们表演的是谁做的什么事情。

（6）小调查：你是否了解你的家人？（E2）

他的生日是＿＿＿＿＿。他的体重是＿＿＿＿＿。他的身高是＿＿＿＿＿。

他喜欢的颜色是＿＿＿＿＿。他喜欢的水果是＿＿＿＿＿。他喜欢的花是＿＿＿＿＿。

他喜欢的日常消遣活动是＿＿＿＿＿＿＿＿＿。他经常用来教育你的口头禅是＿＿＿＿＿＿＿＿＿。

（7）温情故事：家人为你做过哪些事？你又为他们做过哪些事？请列举出来，作为砝码放在天平的两端，看看你的天平是否倾斜得太厉害。如果是，你得加重砝码。（E2）

（8）感恩交流会。以小组为单位，分享自己是怎样用自己的具体行为回报身边的人、回报社会的。（R E2）

（9）绘画。画出感恩的不同行为。（R E2）

（10）帮爸爸妈妈做一顿饭。采访爸爸妈妈，也谈谈自己的感受。（E1 E2）

（11）在所在社区做志愿者，捡垃圾、擦小区内器材，维护小区环境整洁。（E1 R）

（12）播放"黄香温席的故事"视频。学生从伦理道德、传统文化的角度思考：为什么要感恩和敬重对自己付出的人？

故事：汉朝的时候，有一个叫黄香的人。黄香小时候，家中生活很艰苦。9岁时，母亲就去世了。在母亲生病期间，小黄香一直不离左右，守护在妈妈的病床前。母亲去世后，他对父亲更加关心、照顾，尽量让父亲少操心。

冬夜里，天气特别寒冷。那时，农户家里没有任何取暖的设备，很难入睡。一天，黄香晚上读书时，感到特别冷，捧着书卷的手一会儿就冰凉冰凉的了。他想，这么冷的天气，爸爸一定很冷，他老人家白天干了一天的活，晚上还不能好好地睡觉。小黄香为了让父亲少挨冷受冻，读完书便悄悄走进父亲的房里，给他铺好被，然后脱了衣服，钻进父亲的被窝里，用自己的体温，温暖了冰冷的被窝之后，才招呼父亲睡下。

（13）小组讨论：为什么父母总是对我很好？思考并交流。（E1 R）

① 即使我有时候很不听话，但父母还是对我很好。

② 父母总是会叮嘱我天冷多穿衣服，每天要好好吃饭。

③ 父母和我生气后，没过多久又开始关心我。

（14）课本剧表演。学生自己编写与表演课本剧，请老师、同学们评价。（R T）

（15）以口头或书面方式，向曾经帮助过自己的人写一封信，表达感恩之情。（T）

（16）写一篇反思的作文或日记，并进行展出。说说反思的好处。（R E2）

三、逆向教学设计的反思

1. 重视学生的学习主体地位

在传统的主题教育活动的教学设计中，教师往往是教学活动的组织者、讲授者，学生是接收者、听从者。但在逆向设计中，学生是学习活动的主体，是学习的经历者。教师只是资源的提供者和引导者。逆向教学设计使教师在课前了解学生的需求，把课堂的时间和空间交还给学生，让他们在目标任务的驱动下，更好地完成学习任务。教师身份的转变，也改变了学生的学习方式，使他们由被动学习转变为主动学习，在提高了学习兴趣的同时，提高了学习的效率。

2. 在学生理解的前提下"教"

布鲁纳曾经说过："教学生任何科目，绝不是在学生心灵中灌输一些固定的知识，而是启发学生主动去求取、组织知识。"在传统的主题教育活动的教学设计中，教师更多关注自己要"教"什么，怎么"教"，在完成教学时，无法检测学生是否真正理解。在基于理解的逆向教学设计中，首先要思考的是：学生需要理解哪些内容？哪些评估证据能够有效证明学生已经理解了相关的内容？如何设计教学活动能够有助于学生理解所要掌握的知识？相比传统主题教育活动的教学设计，逆向设计更加注重学生的"学"，希望学生不仅仅接受知识，还要有提出问题、解决问题的能力。

3. 以结果为导向进行教学

在传统主题教育活动的教学设计中，教师会先制定教学目标、设定教学重点，再设计教学活动。教师关注的重点在于如何使课堂教学更精彩，使整堂课完整流畅地上下来。一节课下来，教师看似完成了任务，但学生是否达到了本节课的教学目标，到底掌握了多少知识，教师了解得并不清楚。逆向设计是以结果为导向的教学。教学活动是根据学生的能力发展和对知识的掌握程度来确定。因此，教学目标会更加明确，学生的活动会更加具有针对性和科学性。在整个教学过程中，教师可以根据评估的证据判断学生的掌握情况，检验教学效果，在教学过程中可以及时对教学做出进一步修改和优化。

参考文献

格兰特·威金斯，杰伊·麦克泰格.追求理解的教学设计［M］.闫寒冰，宋雪莲，赖平，译.上海：华东师范大学出版社，2017.

中华人民共和国教育部.普通高中课程方案（2020年修订）［S］.北京：人民教育出版社，2020.

"同伴相处"主题教育活动逆向教学设计

朱 红

一、逆向教学设计的内涵

美国课程学家格兰特·威金斯和杰伊·麦克泰格在《追求理解的教学设计》中提出了逆向设计的理念。他们指出，教师要改变传统的教学模式，教师习惯上总是考虑教什么和如何教，但事实上教师在思考如何开展教与学活动之前，先要努力思考此类学习要达到的目的到底是什么，以及哪些证据能够表明学习达到了目的。逆向教学设计的三个阶段是：先确定预期结果，再确定合适的评估证据，然后设计学习体验和教学。

杜威在《我们如何思维》中认为"理解是学习者探求事实意义的结果"。逆向教学设计强调所有学习结果都必须以理解为基础，理解是通过有效应用、分析、综合、评价，来明智、恰当地整理事实和技巧的能力。如果学生理解了，他们可以通过展示他们知道和能够做到的特定事情来证明自己理解了。

二、"同伴相处"主题教育活动逆向教学设计

阶段一：预期的学习结果

1. 预期的学习目标

《中小学德育工作指南》(以下简称《指南》)指出小学学段的德育目标为：理解日常生活的道德规范和文明礼貌，养成良好生活和行为习惯，形成诚实守信、友爱宽容、自尊自律等品质。对这个学段的学生来说，要让他们在集体学习、游戏活动、日常生活（如就餐、如厕、午休、交友等）中，学会遵守规则，懂得规范，在此基础上养成基本的文明习惯。习惯养成可以让学生对基本的为人做事的道理有一定的认识。由此，我们确定"同伴相处"主题教育活动的预期学习目标如下：

（1）认识到和同伴友好相处是生活中重要的一部分。依据《指南》中小学低年

级的德育目标——教育和引导学生热爱中国共产党、热爱祖国、热爱人民、热爱集体，养成基本的文明行为习惯等良好品质。

（2）知道与同伴相处的过程中要乐于沟通、互相帮助、关心他人、守信于人、宽容待人。依据《指南》中小学低年级的价值目标的主要内容——引导学生尊朋友、重友情，引导学生了解个人和集体之间的关系，适应班级和学校集体生活。

（3）懂得如何积极处理同伴之间的矛盾。依据《指南》中低年级人格修养的主要内容——尊敬父母、尊敬师长、友爱同学、礼貌待人，养成良好的生活习惯和行为规范。

（4）体会友善是一种正向的、积极的价值观。依据《指南》中的价值准则——理解友善是处理人际关系的基本价值准则，是班集体生活的基本目标要求，是实现中华民族伟大复兴中国梦的价值支撑。

（5）成为具有同理心的人。

2. 预期的学习结果

预期的学习目标与预期的学习结果是抽象和具体的关系。预期的学习结果是在上述预期学习目标引领下，学生能在"同伴相处"主题教育活动后，知道在与同伴相处的过程中要乐于沟通、关心他人、守信于人、宽容待人，懂得如何积极处理同伴之间的矛盾。

（1）预期的迁移。

迁移就是能将所学的知识或技能运用在新的情境中。迁移可以分为知识技能的迁移和思想、情感、态度、原理、定律等的迁移。

在本单元中，学生将能独立应用其学习成果，以便：①在实际生活中能乐于沟通、关心他人、守信于人、宽容待人；②懂得如何积极处理现实生活中同伴之间的矛盾。

（2）预期的理解。

理解的对象是大概念。本单元的大概念是：人际关系（学生与学生的关系），健康的人格（良好的道德品质、乐观的生活态度、和谐的人际关系）。逆向设计提出了"理解"的六个层面：①解释（说明）：对于现象、事实、资料等提出有系统的叙述，做出有联系的分析，并提出阐明性的举例或例证。②能阐明（诠释）：讲述有意义的故事，对概念或事件能客观地揭示其意义。③能应用：将所学应用于新的、独特的、真实的情境中，或未知的情境中。④能洞察（有观点）：提出对事件、主题或情境的个人看法，并做出分析与结论，提出解决问题的方法。⑤能神入（有同理心）：展现设身处地为他人着想的能力，例如参与角色扮演、解读他人想法，以及分析他人行为并为其辩护等。⑥能自知：自我反思与评价，以及阐述反思后的新认识，克服有偏见的想法。

本单元的理解事项是：①和同伴友好相处是生活中重要的一部分。②与同伴相处的过程中要乐于沟通、关心他人、守信于人、宽容待人。③积极处理同伴之间的矛盾。④体会友善正向的、积极的价值。⑤与同伴相处具有同理心。

（3）主要问题。

主要问题由预期的理解转化而来。学生将持续思考：①怎样才是与同伴友好相处？②为什么说和同伴友好相处是生活中重要的一部分？③在与同伴相处过程中，如何做到文明沟通、关心他人、守信于人、宽容待人？④做到这些有什么意义？⑤与同伴发生矛盾时，该怎么正确、积极地处理？⑥积极的、正向的友善指什么？⑦正向的、积极的友善有什么意义？

（4）预期获得的知识和技能。

学生将知道：①和同伴友好相处的意义和主要表现。②乐于沟通、关心他人、守信于人、宽容待人的具体做法。③与同伴发生矛盾时的正确的处理方式。④能够用自己的言行表现友善的能力。

阶段二：确定合适的评估证据

这一阶段主要是检测学生是否已经达到预期的结果，哪些证据能够体现学生的理解和掌握程度。逆向设计需要我们根据评估证据来做出判断、评价。

1. 表现性任务

（1）全班讨论——说出在与同伴相处过程中同学最令人赞赏的品质。

（2）演一演——在创设的情境中，能用语言或行动表现出与同伴的友好相处。

（3）做一做——为同伴做一件事，在实践的过程中感受到正向的、积极的、友善的意义（人际关系稳定、和谐，生活愉快）。

（4）经验分享——能以口头或书面的形式分享自己的反思经验。

2. 其他证据

（1）能说出与同伴友好相处的意义。

（2）能通过具体事例说出在生活中如何与同伴文明沟通、关心他人、守信于人、宽容待人及其意义（人际关系稳定、和谐，生活愉快）。

（3）能说出积极的、正向的友善是什么。

（4）当与同伴发生误会或者矛盾时，能说出如何文明沟通，并积极处理同伴之间的矛盾或者误会。

（5）能结合自身经验，分享一件与同伴友好相处的事例。

（6）能结合自身经验，分享与同伴发生矛盾或者误会而获得的反思。

3. 自评与反馈

（1）以事实为准，自我评价是否有与同伴文明沟通、关心他人、守信于人、宽容待人的行为。

（2）同学相互评价在相处过程中是否用语言或行动表现出了友好的态度。

阶段三：确定合适的学习活动

我们要根据前两个阶段的设计进行思考：应设计哪些学习体验和教学活动？活动的顺序如何安排才有助于学生达到预期效果？为了便于把学习和教学活动按照优先次序进行排列，逆向教学设计以 WHERETO 要素为活动编码。这些字母的含义是：

W——了解单元学习的方向（where）和预期结果（what）。

H——把握（hook）学生情况和保持（hold）学生学习兴趣。

E1——Equip，代表知识体验观点的探索。

R——Rethink/Revise，反思和修改等。

E2——Evaluate，允许学生对自己的作业和应用进行自评和互评。

T——Tailored，根据学生个体的需求、兴趣和能力来设计作业与活动。

O——Organized，最大限度地组织和持续参与有效的学习。

依据上述活动编码，我们设计了如下学习活动：

（1）播放歌曲《好朋友》，学生齐唱，营造气氛，带动学生的情绪。（WH）

（2）播放同伴之间相处的几个视频片段，组织学生讨论：你觉得怎样才是同伴友好相处？和同伴相处过程中要注意什么？如何做到文明沟通、关心他人、守信于人、宽容待人？（HE）

（3）做游戏：请同学们拿出一张纸，在纸上写下同桌在与同伴相处过程中的一个优点和不足。出示两张思维导图。（ER）

（4）听名人故事：《管仲和鲍叔牙的故事》《马克思和恩格斯的故事》《钟子期和俞伯牙的故事》。组织学生交流自己听了这三个小故事后的感受。（E）

（5）情景演绎：如果你遇到以下情景，你会怎么说，怎么做？然后自评和他评，看看语言是否得体。（E2 R）

① 在排队时后面的同学不小心踩到了你的脚。

② 你向同学借了本书，说好今天要还给他的，可是你忘记了。

③ 小明和一群小朋友们在玩游戏，小丁也想加入，可是小明不同意。

（6）学生自编自演情景剧，要求人物角色从语言和行动表现出对同伴的文明沟通、关心、诚信和宽容。教师做出评价。（E1 R E2）

（7）谈班级案例"一瓶水"：课间，小金倒了满满的一瓶水，瓶盖没盖好，小轩从他身边匆匆跑过，不小心碰到了小金，小轩没说一句话就离开了。小金水杯里的水洒在了地面。到了下午，小金乘机把水倒在了小轩的书包上。全班讨论：如何评价这两位学生的行为？（E2 O）

① 小轩不小心碰到小金，导致他的水杯里的水洒了，应该赶紧道歉啊。

② 小金自己没有把水杯瓶盖盖好，而且他心里不开心也没有及时和小轩说，还以牙还牙地将水倒在了小轩的书包上，真不应该呀……

③ 他们之间有了小矛盾没有好好沟通，小金对同伴不够宽容，有点斤斤计较了。

（8）联系自己的生活，回想一下有没有和同伴发生矛盾时缺乏沟通，导致了更糟糕的后果。（O）

（9）召开"同伴友好相处，共建文明班级"的主题班会，全班同学分组讨论交流自己在与同伴相处时做得比较好的地方和不足的地方，在与同伴交往时应该注意些什么。（E2）

（10）写出并交流与同伴友好相处的例子以及感受。

（11）全班交流：你帮助同伴或受到同伴的帮助时，有什么感受？你认同他人的感受吗？（E2 T）

（12）在自我反思主题班会课中，每位同学结合生活实际写一写自己在与同伴交往时还有哪些地方需要改进，反思自己的行为。（R）

（13）情境讨论"反思的困惑"，总结反思对成长的好处：反思能够让我们更清楚地认识到自己与同伴相处过程中做得不足的地方，找到努力的方向。（T R）

（14）教师示范正向的友善的例子：有一次，孔子的一位学生在煮粥时，发现有脏的东西掉进锅里了。他连忙用汤匙把它捞起来，正想把它倒掉时，忽然想到，一粥一饭都来之不易啊，于是便把它吃了。刚巧孔子走进厨房，以为他在偷食，便教训了那位负责煮粥的学生。

① 学生评价故事中孔子的做法。

② 学生举一反三：有一次上课，我看到同桌在玩橡皮，我就轻轻推了他一下，我同桌以为我在"打"他，他也狠狠地推了我一下。我跟他说上课要认真听讲，我在提醒你不要玩橡皮了。同桌知道后向我道歉。师生评价这例子是否正确。

以上系列活动共7课时。具体安排是：第一课时——活动（1）和（2）；第二课时——活动（3）和（4）；第三课时——活动（5）和（6）；第四课时——活动（7）和（8）；第五课时——活动（9）和（10）；第六课时——活动（11）和（12）；第七课时——活动（13）和（14）。

三、逆向设计的反思

1. 打破传统教学模式，为理解而教

传统的教学是基于教材的教学：教什么—怎么教—布置作业—单元复习—单元检测。而逆向教学设计是指教师从最终的结果即预期的目标出发，根据目标对学生学习的要求以及为达到此要求而实施的教学来设计。"逆向设计"分为三个阶段：

①确定预期结果；②确定评估证据；③设计学习体验和活动。所以，逆向教学设计是站在学生的角度思考教学。在设计教学的过程中，教师要明确学生要理解什么，如何迁移应用，掌握哪些知识和技能等。教师要思考如何证明学生掌握了这些能力，如何安排教学活动。传统教学的出发点是教材，侧重知识的识记和应用；逆向设计的出发点是学生的理解。追求理解的逆向教学设计给我们提供了一个有别于传统教学的全新教学设计模式——评估在前，教学在后；依据教材，又不依赖教材；基于学生的理解而教。

2. 德育课程中逆向设计促进学生的理解

德育课程是学校落实立德树人的载体，也是构建学校德育体系、实现学校德育目标、推动学校德育工作有效进行的主线。引导学生理解爱国、敬业、诚信、友善是每个人的基本价值准则。其中，友善是处理人际关系的基本价值准则，是班集体生活的基本目标要求，是实现中华民族伟大复兴中国梦的价值支撑。在"同伴相处"主题教育活动中，教师根据学生活动主题的需要，设计具体的教学活动。例如"阶段一"预期学生懂得如何正确处理同伴之间的矛盾，那么在"阶段二"中就要确定表现性任务——当与同伴发生误会或者矛盾时，能说出如何文明沟通，并积极处理同伴之间的矛盾或者误会。当学生在具体的事例中说出与同伴发生矛盾时是如何文明沟通、积极处理的，则表明学生已达到预期目标。因此在利用逆向设计进行主题教育课时，在内容上，通过视频、情境、故事等引导学生思考，并发现问题。在学习活动中，通过学生情景演绎、谈感受、举一反三等活动提升学生理解、迁移、反思的能力，从而真正理解如何与同伴相处，落实德育目标。

3. 逆向设计实现了教、学、评的一致性

逆向设计使得教师的教、学生的学、课堂评价达成一致。评价作为课程的一部分，与课程目标和课程实施是密不可分的。课堂上，评价就是判断教学活动达成教学目标的过程，要判断学生的行为表现，需要学生完成一个个任务，以便获得推断学生是否具备相关能力的证据。逆向设计，是一种先确定学习的预期结果，再明确预期结果达到的证据，最后设计学习活动的教学设计模式。例如，预期结果是学会沟通，预期的证据是掌握了沟通的技能，预期的学习活动是同伴沟通交流，这种教、学、评的一致性强调以学习目标为起点，评价设计先于教学活动设计，有效促进目标的达成。

参考文献

格兰特·威金斯，杰伊·麦克泰格.追求理解的教学设计［M］.闫寒冰，宋雪莲，赖平，译.上海：华东师范大学出版社，2017.

教育部基础教育司.中小学德育工作指南实施手册［M］.北京：教育科学出版社，2017.

小学语文习作"把一件事写清楚"单元逆向教学设计

夏春美

基于新课改的素养导向，教学要由单篇向整体性教学转变。小学语文单元整体教学依据语文课程"语言文字运用的综合性、实践性课程"的特点，教师要树立单元全局观，着眼于整组教材。整个教学过程要始终以生为本，遵循"先学后教，以学定教，顺学而教，反复习得"的学习规律，针对单元整体进行目标聚焦、内容整合、情境激活与科学评价。那么，如何进行指向核心素养的单元整体设计呢？逆向教学设计为我们提供了新的思路。

一、什么是逆向设计

逆向设计理论是美国教学改革专家格兰特·威金斯和杰伊·麦克泰格倡导的以学习结果为目标的教学设计模式。逆向教学设计较传统教学设计相比有两处变化，第一个变化是教学目标从"教"的角度转变为"学"的角度。威金斯提出"我们的课堂、单元和课程在逻辑上应该从想要达到的学习结果导出，而不是从我们所擅长的教法、教材和活动导出"。第二个变化是将评价提前，将评价置于教学目标之后。在传统教学中评价一般位于教学的最后环节，教师往往只借助教学评价来检测学生的最终学习结果，这种思路常常使教师在重点关注教学内容之后，其评价倾向于知识性检测而与目标相脱离。逆向教学设计基于学生立场，针对单元的完整教学过程进行专业性设计，以学生为中心，由学生预期的学习结果出发，导出学生如何学会的学习过程，从而为核心素养的落地指明清晰的路径。

逆向设计理论为单元整体教学设计与教学提供了清晰的思路，教师要改变以往传统教学思路的束缚，改"以教定学"为"以学定教"。要基于课程内容进行综合研究，分析学生需求，聚焦单元教学目标，依据目标选择达成程度的评估标准，用科学的教学评价来引导学生学习与监控教师教学。这样的逆向设计思路能够确保教师的教学与单元最终目标的高度匹配，从而保证教师的教学活动能够真正以预期的学习成果为中心，不偏离核心素养的生成轨道。

二、指向核心素养的逆向教学设计三个阶段

下面以语文教材四年级上学期第五单元"把一件事写清楚"为例，尝试进行逆向教学设计。

阶段一：确定预期的学习结果

1. 确定单元学习目标

单元的学习目标是依据《义务教育语文课程标准》（2022年版）来确定的，确定后的单元目标如下：

（1）认识11个生字，读准1个多音字，会写22个字，会写31个词语。

依据的学科核心素养：具有正确、规范运用语言文字的意识和能力，能在具体语言情境中有效交流沟通。

依据的学科课程目标：对学习汉字有浓厚的兴趣，养成主动识字的习惯；有初步的独立识字能力。

（2）能梳理总结作者把事情写清楚的方法。

依据的学科核心素养：能够辨识、分析、比较、归纳和概括基本的语言现象和文学形象，并能有依据、有条理地表达自己的观点和发现。

依据的学科课程目标：能初步把握文章的主要内容，体会文章表达的思想感情；学习圈画、批注等阅读方法；能对课文中不理解的地方提出疑问，乐于与他人讨论交流。

（3）能发挥想象把图片的内容说清楚，能用表示动作的词语把做家务的过程写清楚。

依据的学科核心素养：能积累较为丰富的语言材料和言语活动经验，具有良好的语感；能在已经积累的语言材料间建立起有机的联系，能将自己获得的语言材料整合成为有结构的系统。

依据的学科课程目标：积累课文中的优美词语、精彩句段，以及在课外阅读和生活中获得的语言材料。

（4）能按一定顺序把一件事情写清楚，抓住怎么想、怎么说、怎么做，突出事情发展中的重要内容。

依据的学科核心素养：能通过梳理和整合，将自己获得的言语活动经验逐渐转化为富有个性的具体的语文学习方法和策略，并能在语言实践中自觉地运用；能运用祖国语言文字表达自己的审美体验，表现自己对美好事物的情感、态度和观念，表现和创造自己心中的美好形象，具有创新意识。

依据的学科课程目标：能清楚明白地讲述见闻，说出自己的感受和想法；讲述故事力求具体生动。

（5）热爱生活，乐于观察和记录生活中有意义、有趣的事。

依据的学科核心素养：能运用祖国语言文字表达自己的审美体验，表达自己的情感、态度和观念，表现和创造自己心中的美好形象。

依据的学科课程目标：观察周围世界，能不拘形式地写下自己的见闻、感受和想象，注意把自己觉得新奇有趣或印象最深、最受感动的内容写清楚。尝试在习作中运用自己平时积累的语言材料，特别是有新鲜感的词句。

2. 预期的学习结果

学习结果由学习目标转换而来，目标和结果是具体和抽象的关系。

（1）预期的迁移。

"迁移"就是把学到的知识和技能运用到新的情境中。

① 能够将阅读教学中获得的知识和技能运用在作文中，按一定的顺序把一件事写清楚，抓住怎么想、怎么说、怎么做，把事情发展的重要内容写出来。

② 在阅读课外书的时候，能辨认 11 个生字，读准 1 个多音字。

③ 能坚持自己写日记，记录生活中有意义、有趣的事情。

④ 能发挥想象，把课外看到的图片内容说清楚。

（2）预期的理解。

"理解"的对象是大概念，本单元的大概念是：写作（按顺序写、按过程写、写作的方法、写重点），想象，热爱生活。

逆向教学设计者提出了理解的六个层面：①能解释（说明）：对于现象、事实、资料等提出有系统的叙述，做出有联系的分析，并提出阐明性的举例或例证。②能阐明（诠释）：讲述有意义的故事，对概念或事件能客观地揭示其意义。③能应用：将所学应用于新的、独特的、真实的情境中，或未知的情境中。④能洞察（有观点）：提出对事件、主题或情境的个人看法，并做出分析与结论，提出解决问题的方法。⑤能神入（有同理心）：展现设身处地为他人着想的能力，例如参与角色扮演、解读他人想法，以及分析他人行为并为其辩护等。⑥能自知：自我反思与评价，以及阐述反思后的新认识，克服有偏见的想法。

本单元需要理解的事项是：

① 了解课文主要内容及课文的写作顺序。（能解释）

② 知道作者是如何把事情发展过程中的重点写具体的。（能解释）

③ 理解写作方法对表达的重要性。（能阐明）

④ 知道写作中突出重点的意义。（能阐明）

⑤ 能具体分析同学看图说话中的想象部分。（能神入）

⑥ 能分析自己的写作是否与热爱生活有关。（能自知）

（3）需要思考的基本问题。

"问题"是由预期的理解转换而来。

① 作者是按什么顺序来写这件事情的？

② 作者把一件事写清楚的具体方法是什么？

③ 写作有哪些主要的方法？为什么写作方法很重要？

④ 什么是"重点"？重点是哪个部分？为什么要重点写？

⑤ 什么是想象？怎样分析看图说话中的想象？

⑥ 热爱生活有什么具体的表现？自己在写作中写了哪些热爱生活的表现？

（4）将要掌握的知识和技能。

学生将学会的知识：掌握文中的生字新词，理解文中重要词语、句子的含义，概括文章的主要内容。

学生将掌握的技能：正确、流利地朗读课文；默读课文；用不同的方式理解词语；概括课文的主要内容；能按一定顺序把习作写清楚，把重点写具体；能够用修改符号修改作文。

阶段二：确定合适的评估证据

本阶段的评估证据是根据预期的学习结果而确定的，这就要求教师在设计单元课程前先要像评估员一样思考，思考如何确定学生是否已经达到了预期的理解，设计的评估证据必须能证明学生的学习达到了预期的理解基础上的学习结果。

1. 表现性任务

（1）梳理总结：能梳理课文的写作顺序，能说出重点的内容，能说出作者是如何把一件事情写清楚的、如何把事情发展过程中的重点写具体的，能说出重点写的意义，能指出课文中文字和图片想象的部分，能用具体的方法分析看图说话中的想象。

（2）模仿表达：能发挥想象，把课外图片中的内容说清楚，把重点部分说具体。

（3）创意写作：围绕"一件难忘的事"写一篇作文，按一定的顺序把一件事写清楚，抓住怎么想、怎么说、怎么做，把事情发展的重要内容写出来。

（4）习作分享：记录生活中有趣的事情，并把这些事情分享给同伴听。用红笔画出作文中怎么想、怎么说、怎么做和事情发展的重要部分。

2. 其他证据

（1）坚持写日记：能把生活中有趣和有意义的事情以日记的形式记录。知道有哪些写作方法，感受到写作方法的重要性。

（2）读课外书：阅读课外书《中国古代寓言》，圈出其中的11个生字和1个多音字，能辨认11个生字，读准1个多音字。

3. 学生的自我评价和互评

学生自评和互评所写的作文。

阶段三：预期的学习活动

这个阶段的学习活动设计要思考三个要素：活动顺序、关键活动和活动编码。为了便于把学习体验和教学活动按照优先次序进行排列，逆向设计以 W、H、E、R、E、T、O 七个字母为活动进行编码，字母的含义分别为：

（1）W——帮助学生知道本单元的学习方向（where）和预期的学习结果（what）。

（2）H——帮助教师把握（hook）学生的基本情况和保持（hold）学生的学习兴趣。

（3）E1——"武装"（equip）学生，帮助他们体验（experience）主要观点和探索（explore）问题。

（4）R——为学生提供机会去反思（rethink）和修改（revise）他们的理解及学习表现。

（5）E2——为学生提供机会去自我评价（evaluate）。

（6）T——对于不同学生的需要进行量体裁衣（tailored）。

（7）O——合理组织（organized）教学，提升学生的学习动机和学习效果。

依据上述活动编码，设计本单元学习活动顺序如下：

（1）以一些联系实际的问题（如哪件事情给你留下了深刻印象？）引入以"把一件事写清楚"为主题的三篇课文。（H）

（2）出示课题，介绍本单元最终表现性任务（梳理总结写作方法，模仿表达，创意写作）。（W）

（3）开展课堂教学，探究文本，引导学生找到课文中作者把事情写清楚、写具体的方法。（E1）

（4）引导学生梳理课文的写作顺序，总结作者是如何把一件事写清楚，能说出重点的内容，能说出如何把事情发展过程中的重点写具体，能说出重点写的意义。（E1）

（5）小组合作品读课文：通过查字典、对比朗读等方法理解课文中生动、准确的词或句，和同伴进行交流分享。（E2 R）

（6）引导学生有感情地朗读课文，体会作者的写作思路。（H O）

（7）课堂检测：能指出课文中文字和图片想象的部分，用具体的方法分析看图说话中的想象；完成看图写话，把事情写清楚、写具体；完成本单元词语的默写。（R）

（8）说说最近发生的一件有趣的事情，并按照所学的写作方法把它记录下来，能够用修改符号修改作文，并进行自评和组内互评。（Ｒ Ｏ Ｅ2）

（9）把记录的事情分享给同伴听。用红笔画出作文中怎么想、怎么说、怎么做和事情发展的重要部分。（E2 O ）

（10）小组讨论：热爱生活有什么具体的表现？对同学的发言做好记录，然后归纳同学们热爱生活有哪些具体的表现。

（11）日记展示：朗读自己日记中写的热爱生活的片段，其他同学予以评价。

上述 11 个活动，分 9 个课时完成。

三、逆向教学设计的启示

1. 追求"学生理解"的教学

"理解不是事实，而是运用所给的既定事实推断出的结论。"很多新教师常常疑惑，告诉过学生很多遍了，为什么就是记不住？显然，我们就是忽视了推断的过程与理解的过程。我们总是理所当然地认为学生看得懂、听得懂我们的结论，这意味着他们就能记住。可事实是，只有学生对要理解的内容进行小块分析，再用自己的语言重新拼接，才能变成他们的理解。逆向设计帮助教师不断地去思考这些问题，把握理解性教学的教学设计的方向，真正做到基于核心素养，为理解而教，学生则在理解的六个层面得到锻炼，提升理解能力。

2. 从单元整体出发，丰富学习经历

大多数情况下，孩子们知道自己今天上什么课文，做什么作业，但是他们往往不知道为什么学这几篇课文，学了之后接下来要做什么。这与孩子们缺乏单元大任务的概念有关。为了解决在教学中学生学习的被动性和零散性，在逆向设计中，我们把单元作为一个整体：首先整理单元的教学目标，接着确定单元的学习目标，然后确定评估证据，设计出符合学生实际的真实单元大任务。这些单元任务在每课时中分步出现，逐渐形成进阶活动。通过这些学习任务，学生的学习经历得以丰富，得以完整体现。

3. "双减"背景下，设计有效作业

作业是教学的重要环节和有机组成部分，是学生掌握知识、形成技能、发展智力、挖掘潜能的重要手段。在"双减"政策背景下，应设计优质高效的作业，切实提高语文课堂教学质量，减轻学生课业负担。逆向设计是"以终为始"，从学习结果开始逆向思考，努力思考学习要达到的目的是什么，以及哪些证据表明学习达到了目的，因此教师更应在精准作业设计上下功夫，依据新课标以及教材内容，定准教学目标，作业设计上更加注重课堂的消化吸收和具体运用，讲究课堂作业的效率，尽量减少课外作业，真正达到"双减"的目的。

参考文献

格兰特·威金斯，杰伊·麦克泰格.理解力培养与课程设计——一种教学和评价的新实践[M].么加利，译.北京：中国轻工业出版社，2003.

格兰特·威金斯，杰伊·麦克泰格.追求理解的教学设计[M].闫寒冰，宋雪莲，赖平，译.上海：华东师范大学出版社，2017.

中华人民共和国教育部.义务教育语文课程标准（2022年版）[S].北京：北京师范大学出版社，2022.

小学语文"革命先辈"单元逆向教学设计

俞 彤

一、逆向教学设计下的单元教学

"逆向教学设计"与传统教学设计大相径庭，思路是先确定预期结果，再确定评估证据，最后设计教学活动。设计者即教师要从终点开始，确定学习目标、迁移目标及预期获得的知识和技能等，再设计相关的证据评价学生的表现，最后确定学习活动和体验。"逆向教学设计"的基本特征主要表现为"成果""证据""活动"三者的逆向因果联系。而"单元教学"就是以一个单元作为教学的基本单位，在整体的视角下规划，根据教材的编排内容或某一知识存在的经验联系，将编者根据学科知识结构确定的单元进行重组，使其成为存在逻辑知识联系而又独立的单元进行教学设计，从而帮助学生在单元学习中达到更深和更有意义的理解。

逆向设计下的单元教学由于摒弃了传统的单课讲述，将单元作为教学的基本单位，综合考虑基本标准的要求、教材的编排和学生的基本情况等，进行资源的调整和整合，围绕同一主题进行整体性的教学，因而能够促进学生学习的系统性和连贯性，也能帮助教师更多地关注学生能力的变化。

二、逆向教学设计的三个阶段

本文以小学语文二年级上册第六单元为例，尝试探索基于逆向设计理念的单元教学设计。该单元围绕"革命先辈"这一主题编排了《八角楼上》《朱德的扁担》《难忘的泼水节》《刘胡兰》四篇课文。这些课文讲述的都是革命领袖和革命先烈的事迹，旨在引导学生感受他们的崇高品质，在主题性方面存在一定共性，因此尝试运用逆向设计理念进行单元整体设计。

阶段一：确定预期的学习结果

1. 确定单元学习目标

本单元的教学目标是依据语文学科核心素养和《义务教育语文课程标准》（2022年版）来确定的，确定后的单元目标如下：

（1）运用多种方法自主识记和积累课文中的生字新词，学习动词和名词的搭配。

依据的核心素养目标：语言运用——通过主动的积累、梳理和整合，了解国家通用语言文字的特点和运用规律，形成个体言语经验。

依据的学科课程目标：主动积累、梳理基本的语言材料和语言经验，逐步形成良好的语感，初步领悟语言文字运用规律。学会使用常用的语文工具书，运用多种媒介学习语文，初步掌握基本的语文学习方法，养成良好的学习习惯。

（2）正确、流利地朗读课文，借助关键词，了解课文内容，练习讲述故事。

依据的核心素养目标：思维能力——指学生在语文学习过程中的联想想象、分析比较、归纳判断等认知表现，主要包括直觉思维、形象思维、逻辑思维、辩证思维和创造思维。

依据的学科课程目标：积极观察、感知生活，发展联想和想象，激发创造潜能，丰富语言经验，培养语言直觉，提高语言表现力和创造力，提高形象思维能力。

（3）感受革命领袖和革命先烈艰苦奋斗、宁死不屈的精神以及以身作则、心系百姓的品质，并由衷产生敬意。

依据的核心素养目标：文化自信——通过语文学习，热爱国家通用语言文字，热爱中华文化，继承和弘扬中华优秀传统文化、革命文化、社会主义先进文化，关心和参与当代文化生活，初步了解和借鉴人类文明优秀成果，具有比较开阔的文化视野和一定的文化底蕴。

依据的学科课程目标：热爱国家通用语言文字，感受语言文字及作品的独特价值，认识中华文化的丰厚博大，汲取智慧，弘扬社会主义先进文化、革命文化、中华优秀传统文化，建立文化自信。

（4）能够把自己对革命领袖和先烈的崇敬通过朗读、表演等形式表现出来，并能够简单写下自己的感受。

依据的核心素养目标：审美创造——通过感受、理解、欣赏、评价语言文字及作品，获得较为丰富的审美体验，具有初步的感受美、发现美和运用语言文字表现美、创造美的能力；涵养高雅情趣，具备健康的审美意识和正确的审美观念。

依据的学科课程目标：感受语言文字的美，感悟作品的思想内涵和艺术价值，能结合自己的经验，理解、欣赏和初步评价语言文字作品，丰富自己的情感体验和精神世界。

2. 预期的学习结果

（1）预期的迁移。

① 能够体会动词和名词搭配，在任务单中正确配对，并能结合生活实际说出一些动宾搭配的短语。

② 能够在爱国主题班会上完整讲述本单元课文中的革命故事。

③ 能够感悟革命领袖和先烈的精神与品质，并在田字格纸里写下一段想对他们说的话。

（2）预期的理解。

理解的对象是大概念，本单元的大概念是：字词（生字新词、动词名词、关键词），朗读课文，讲述故事，革命（革命领袖、革命先辈），革命精神（艰苦奋斗、宁死不屈），对革命先辈的崇敬。

本单元要理解的事项是：

① 理解动宾搭配的规律。叙述本单元主人公的形象。

② 理解课文讲述的革命故事，并能做一定的阐明或诠释，用自己的语言讲述这些有意义的故事。

③ 理解革命领袖或先烈的优秀品质和伟大精神。

④ 能对革命先烈的爱国主义行为产生同理心，理解他们的精神，能设身处地为革命先烈着想，分析在危险处境下革命先烈伟大举动背后蕴藏的红色基因。

⑤ 能以革命先烈为榜样，反思自己的行为和思想，形成革命意识，播种红色之魂。能说出自己要如何向革命先辈们学习，成为国家栋梁之材。

（3）需要思考的基本问题。

基本问题由预期的理解转化而来。

① 课文中动词和名词的搭配可以调换吗？为什么？这些短语让你感受到什么？

② 你能分析本单元中主人公形象描写的动宾搭配吗？

③ 你觉得应该用什么样的感情来朗读主人公的话？

④ 故事中的革命先辈做了什么事情？你觉得他是一个怎样的人？

⑤ 在用自己的语言讲述这些革命故事时，需要注意的事项有哪些？

⑥ 从这些革命先烈身上，我们能学到哪些精神和品质？

⑦ 反观自身，你觉得自己能向革命先辈们学习些什么？在日后的学习生活中该如何行动？

（4）将要掌握的知识和技能（在迁移、理解和思考的问题中要用到的，或者是新学到的知识和问题）。

① 学生将学会的知识：识记和积累文中的生字新词，理解并积累"会师、斗笠"等重要词语的含义，了解与四位革命领袖有关的革命故事。

② 学生将掌握的技能：正确、流利、有感情地朗读课文；正确搭配动宾短语，并体会其含义；能根据关键词向同伴讲述课文中的革命故事；能以革命先烈为榜样，反思自己的行为和思想。

阶段二：确定合适的评估证据

本阶段将依据学习目标确定评估证据，设计公正、有效、可靠、足够的评价方法，以确保学生达到期望的学习结果。

1. 表现性任务

（1）朗读课文：能够正确、流利、有感情地朗读课文，读准字音，读通句子。根据自己的理解和语境的铺设，读出主人公的不同情感。

（2）完成学习单：能够根据课文内容，完成《朱德的扁担》学习单（图1）和

《八角楼上》学习单（图2）。

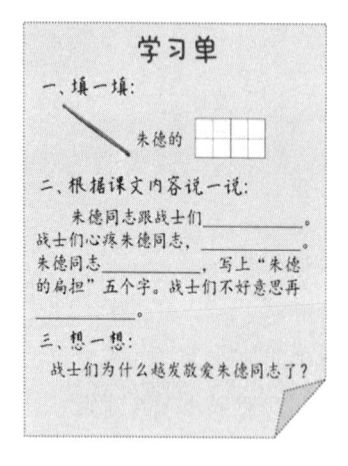

图1

图2

（3）讲述故事：在本单元中任选一篇课文，根据自己的理解，用自己的话讲一讲课文中介绍的革命故事。要求用通顺、连贯的语言讲清楚故事的起因、经过、结果，根据故事情节的发展加上适当的肢体语言，配上合适的语气。

（4）创意写作：观看《刘胡兰》课文动画视频之后，能以"如果现在你的面前出现了时空信使，能让你给当时的刘胡兰寄一封信，你想在信里写些什么？"为主题，在田字格纸上写一写自己想对刘胡兰说的话。

（5）经验介绍：能在"我是识字小达人"午会活动中以小组为单位，分享和介绍自己识记生字的好方法，争取评上"最佳识字小组""最佳识字个人"。

（6）做一做：能够在"感悟革命精神，争做七彩二小娃"主题班会上根据革命先辈的故事反思自身行为，写下自己想改正的三个小缺点。并在班会结束后努力改正自身缺点，争取获得"革命精神最佳学习奖"。

2. 其他证据

（1）课堂讨论——能够就"你觉得课文中的革命先烈有哪些品质值得我们学习？作为当代小学生，我们如何从自己做起，向革命先烈致敬？"展开讨论，表明自己的观点，态度大方，表达清晰。

（2）故事展演——能够在爱国主义班会课上讲述本单元课文中的革命故事，或是几人一个小组，任选一个革命故事，进行故事展演，配上合适的动作，用上恰当的语气。

（3）作业——能积累课文中出现的生字新词，正确默写；能积累课文中出现的动宾搭配短语，并尝试再说几个不同情景下的不同短语；能完成概括革命故事内容的随堂练习。

3. 学生的自我评价和反馈

（1）同桌互读课文，评一评字音是否准确，朗读是否通顺、流利，有没有读出革命先烈在不同情境下的不同语气。

（2）完成学习单后，先自评，学习共同体小组再互评，选出学习单上获星最多的同学。

（3）故事展演时，重点关注同学对革命故事的掌握程度、对革命先辈形象的把握程度。在班级内评比出最具表现力、最能展现革命先烈优秀品质的小组。

阶段三：设计合适的学习活动

预期的学习结果如何在教学设计中得以体现？如何评价和评估学生的学习？本阶段活动以 WHERETO 元素中相应的字母为活动编码。这些字母的含义是：

W——学生能够了解单元学习的方向（where）和原因（why）。

H——教学在一开始就能够吸引（hook）和保持（hold）学生的注意力。

E1——学生能够体验（experience）和探索（explore）。

R——引导学生（reflect）重新考虑（rethink）和修改（revise）。

E2——给学生提供评估（evaluate）和自我评估的机会。

T——量体裁衣（tailored），反映不同学生的个性和需求。

O——合理组织（organized），促进和加深学生的理解。

本单元学习活动如下：

（1）观看毛泽东、朱德、周恩来、刘胡兰的照片，在小组内和同学分享自己了解的革命先辈小故事。（H E1）

（2）揭示本单元主题是"革命先辈"，讨论本单元的最终表现性任务（朗读课

文，完成学习单，讲述革命故事，创意写作，故事展演）。（W）

（3）课堂上组织学生通过自主朗读、齐读、男女生赛读、分角色朗读、师生接读等多种形式朗读课文，了解课文讲述的革命故事，并在学习共同体小组内互评。（E1）

（4）在深度解读文本的基础上，组织学生完成课堂学习单，关注学习单中动宾搭配的练习，再结合生活实际，用动宾搭配的短语造句。完成后同桌或学习小组互评打星，选出完成得最好的同学，再根据组内同学的回答修改自己的学习单答案。（E1 R E2）

（5）能够根据课文内容，完成《朱德的扁担》学习单（图1）中的"二、根据课文内容说一说"，正确填写朱德同志的革命事迹；完成"三、想一想"，说出战士们敬爱朱德同志的原因，理解朱德同志与战士们同甘共苦的可贵品质。完成《八角楼上》学习单（图2）中的"任务一：读一读，说一说"，填写课文主要内容，了解毛泽东同志在艰苦奋斗的年代，在八角楼上指导革命的事迹；完成"任务二：想一想，填一填"，正确使用动宾搭配，感受毛泽东同志为了革命事业全神贯注写文章的奉献精神。

（6）引导学生以学习小组为单位先分角色朗读课文，再尝试合作讲述故事。要求分工明确，态度大方，内容完整，感情充沛。既要能讲清楚故事的起因、经过、结果，又要能根据故事情节的发展加上适当的肢体语言，配上合适的语气，展现朱德同志与战士们同甘共苦的精神，毛主席在艰难岁月中为了革命事业奋斗的品质，以及刘胡兰面对敌人不畏艰难、视死如归的可贵精神。（E1 O）

（7）播放《刘胡兰》课文动画，引导学生以"如果现在你的面前出现了时空信使，能让你给当时的刘胡兰寄一封信，你想在信里写些什么？"为主题，在田字格纸上写一写自己想对刘胡兰说的话。要求字迹端正、语句通顺、语意连贯，将自己的想法表达清楚。完成后全班范围内进行交流和分享。（E1 E2 O T）

（8）引导学生就"你觉得课文中的革命先辈有哪些品质值得我们学习？作为当代小学生，我们如何从自己做起，向革命先烈致敬？"展开讨论，表明自己的观点。要求态度大方、表达清晰，能体会革命先辈的崇高品质。（E1 T O）

（9）在本单元中选择一篇喜欢的课文，以小组为单位在爱国主题班会上进行故事展演，由全班同学选出最佳表演奖。（Ｈ Ｔ Ｅ1 Ｏ Ｅ2）

（10）识字经验大比拼：以"我是识字小达人"为主题展开午会。老师出示不同的生字，学生以小组为单位，分享和介绍自己识记生字的好方法。每个小组推选"小小记录员"，负责记录每位组员分享的识字方法，然后由班里的学习委员整理每个小组的记录表，评选出"最佳识字小组""最佳识字个人"。（Ｈ Ｅ1 Ｏ Ｅ2）

（11）以"感悟革命精神，争做七彩二小娃"为主题展开班会。在"我说革命故事"环节中，请"讲述故事"任务完成得较出色的学生上台讲述革命故事。每一个故事结束后由台下倾听的同学交流自己从革命故事中感受到的精神和品质。在班会活动的最后，给每位学生发卡纸，学生根据革命先辈的故事反思自身行为，写下自己想改正的三个小缺点。班会结束后，将卡纸贴在班级墙面上，全班同学互相监督，评选出"革命精神最佳学习奖"。（Ｈ Ｔ Ｅ1 Ｏ Ｅ2）

三、逆向教学设计的启示

1. 逆向教学设计更好地确定了学生学什么

相比传统的教学设计而言，逆向教学设计的最大优点就在于它是从输出端开始思考，将预期的学习结果作为目标，然后再围绕着目标来确立合适的评估证据、设计学习体验和教学。这样一来，教师便能够根据预期的学习结果来制订教学的计划，并且提前根据学情设计与之相匹配的各项教学活动。不仅如此，得益于WHERETO元素中对应的活动编码，学生能够在单元教学开始时就清楚地了解教师所设置的单元学习方向和预期结果。这一操作不仅帮助教师确立了教学目标，更有助于学生思考自己的学习，明确自己需要学什么，需达到何种学习结果。如此一来，教师的教和学生的学能够相互促进，向着统一的学习结果迸发。

2. 逆向教学设计严格地规范了教师如何教

在以往的课堂中，教师虽然也会提前根据课程标准和教学参考来确定教学目标，并围绕目标设计相应的教学环节，但由于缺少评价的依据和标准，很难在课上及时对自己的教学进行反馈。换句话说，直到课堂结束，教师都无法检验学生们究竟学得如何。而逆向设计理念很好地解决了这一问题，让学生不再重复低效学习，也让教师的手中多了一把衡量自身教学和学生学习的尺。由于逆向教学设计需要在课前确定合适的评估证据，因此教师在教学过程中随时可以根据这些证据来判断自己的教学是否有效，并及时做出调整。当发现学生的课堂表现不符合原先确定的证据时，教师还可以将这一情况进行记录，课后进行整理和反思，以便在之后的课堂中设定更符合班级学情的有效证据。如此一来，教师们能够清晰地认识到要如何去教。

3. 基于理解的逆向教学设计旨在培养核心理解能力

在进行逆向教学设计时，最关键也是最核心的一步就是确定"预期的理解"。而这里的理解强调的是对事物意义的理解，理解的对象是大概念。传统教学中，教师经常针对某一单独的课时制定单独的教学目标，没有培养核心的理解能力，导致学生陷入零散的知识和技能中，造成知识的碎片化。而基于理解的逆向设计关注到了理解的系统性，将支离破碎的知识和技能归化为能解释、能阐明、能应用、能洞察、有同理心、能自知这六个层面，着力于培养学生的核心理解能力以及高阶思维。在这样系统性的训练下，语文学科的各项核心素养能够得到更好的落实，学生的能力相较之前也会有质的提升。

参考文献

王航航. 逆向设计下的单元主题教学在初中化学教学中的实践研究［J］. 鲁东大学学报，2021（1）.

中华人民共和国教育部. 义务教育语文课程标准（2022年版）［S］. 北京：北京师范大学出版社，2022.

小学语文"儿童生活"单元逆向教学设计

沈叶婷

传统的语文教学都是教师在教学前先研究教材、教法,确定教学目标,再根据教学目标设计教学活动,进行教学及评价。因此大部分教师在课堂教学过程中更关注课堂中是否落实了教学目标,而忽视学生的反馈,导致在教学活动结束时,很多教师不知道学生是否掌握了所教授的知识,或者还有哪些知识点掌握得不够扎实。而大部分学生恐怕也不知道这节课掌握了哪些知识点,为什么要学习这个知识。鉴于此,美国教育评估专家格兰特·威金斯与杰伊·麦克泰格在《追求理解的教学设计》一书中将传统的教学进行"翻转",要求教师在开始时就要详细阐明预期结果,并根据学习目标所要求或暗含的表现性行为来设计课程,更好地发展和深化学生的理解力,提高学生的学习能力。这就是逆向教学设计——基于理解的课程设计。

逆向教学设计以单元为单位进行教学设计,由三个阶段构成:第一阶段根据课程标准、学情确定预期的学习目标,明确学生要掌握的内容。第二阶段依据学习目标确定评估证据,明确哪些证据能证明学生的学习已达到了预期结果。第三阶段依据第一和第二阶段的内容设计相关的学习活动,引导学生有效开展学习并获得预期结果。

那么如何在小学语文教学中进行逆向教学设计?基于理解的小学语文逆向教学设计必须将理解的六个层面融入逆向设计的三个阶段中。下面以语文教材一年级上册第七单元"儿童生活"为例,尝试进行三个阶段的逆向教学设计。

阶段一:确定预期的学习目标

"阶段一"的内容包括确定预期的学习目标,用具体的学习结果体现学习目标,其中包括预期的迁移、预期的理解、基本问题、知识和技能。

1. 确定单元学习目标

本单元的学习目标是依据《义务教育语文课程标准》(2022年版)来确定的。

（1）能认识33个生字和5个偏旁，会写11个字。

依据的语文课程目标：喜欢学习汉字，有主动识字、写字的愿望。认识常用汉字1600个左右，其中800个左右会写。掌握汉字的基本笔画和常用的偏旁部首，能按基本的笔顺规则用硬笔写字，注意间架结构，初步感受汉字的形体美。努力养成良好的写字习惯，写字姿势正确，书写规范、端正、整洁。

依据的核心素养：在丰富的语言实践中，通过主动的积累、梳理和整合，初步具有良好语感；了解国家通用语言文字的特点和运用规律，形成个体语言经验；具有正确、规范运用语言文字的意识和能力，能在具体语言情境中有效交流沟通。

（2）正确、流利地朗读课文，初步尝试找出课文中一些明显的信息。

依据的语文课程目标：结合上下文和生活实际了解课文中词句的意思，在阅读中积累词语。认识课文中出现的常用标点符号，在阅读中体会句号、问号、感叹号所表达的不同语气。借助读物中的图画阅读。

依据的核心素养：喜欢阅读，感受阅读的乐趣。学习用普通话正确、流利、有感情地朗读课文，学习默读；认识课文中出现的常用标点符号，在阅读中体会逗号、句号、感叹号所表达的不同语气。

（3）联系生活实际，理解课文内容，感受儿童丰富多彩的内心世界。

依据的语文课程目标：能借助读物中的图画阅读，展开想象，获得初步的情感体验，感受语言的优美。对感兴趣的人物和事件有自己的感受和想法，并乐于与他人交流。能认真听他人讲话，努力了解讲话的主要内容。

依据的核心素养：借助读物中的图画阅读，向往美好的情境，关心自然和生命，展开想象，获得初步的情感体验，感受语言的优美。

（4）学习偏正短语的合理搭配。

依据的语文课程目标：结合上下文和生活实际了解课文中词句的意思，在阅读中积累词语。

依据的核心素养：通过主动的积累、梳理和整合，初步具有良好语感；了解国家通用语言文字的特点和运用规律，形成个体语言经验。

2. 预期的学习结果

（1）预期的迁移。

① 将课文内容与生活实际联系起来，用简单的句子表达出来。

② 用"的"字短语表达生活中常见的场景或事物。

（2）预期的理解。

关于理解，威金斯和麦克泰格提出了"理解"的六个层面：

层面1——能解释（说明）：能够运用学到的知识，对事件、资料或观点进行系统的解释、说明，做出有联系的分析，并提出阐明性的举例或例证。

层面2——能阐明（诠释）：讲述有意义的故事，对概念或事件能客观地揭示其意义。

层面3——能应用：将所学应用于新的、独特的、真实的情境中，或未知的情境中。

层面4——能洞察（有观点）：提出对事件、主题或情境的个人看法，并做出分析与结论，提出解决问题的方法。

层面5——能神入（有同理心）：展现设身处地为他人着想的能力，例如参与角色扮演、解读他人想法，以及分析他人行为并为其辩护等。

层面6——能自知：自我反思与评价，以及阐述反思后的新认识，克服有偏见的想法。

逆向教学设计强调对事物意义的理解，理解的对象是大概念，所有学习结果都必须以理解为基础。本单元需要理解的大概念是：语法（字、短语），阅读（朗读课文、理解课文内容）。

本单元需要理解的事项是：

① 偏正短语合理搭配的意义。（能阐明）

② 理解课文主要内容，并有自己的看法。（能洞察）

③ 能结合生活经验，正确使用"的"字词语的搭配。（能应用）

④ 体会文中小朋友的心情，并结合实际交流自身类似的经历。（能神入）

⑤ 理解小娃娃的项链和大海的项链的含义。（能阐明）

（3）需要思考的基本问题。

基本问题由预期的理解转换而来。

① 偏正短语怎样搭配才算合理？合理搭配的意义是什么？

② 本单元课文的主要内容是什么？对这些内容有什么具体的看法？

③ 读了《大还是小》，结合自己的经验说说什么时候觉得自己很大，什么时候觉得自己很小。

④ 在《明天去远足》《大还是小》中，小朋友有什么心情？自己在什么情境中有类似的心情？

⑤ 小娃娃的项链和大海的项链分别是什么？有什么含义？

（4）预期掌握的知识和技能。

① 学生将学会的知识：掌握文中的生字新词；理解文中重要词语、句子的含义；了解其他小朋友的童年生活；知道怎样才能使自己"变大"；儿童的生活场景是多彩的，儿童的内心世界是真实而又丰富的。

② 学生将掌握的技能：会认、会写本单元的偏旁和笔画等，会区分几个形近的偏旁，能够圈出正确的笔画、偏旁、字和句子；会默写，会辨析，会说通顺的句子；正确、流利地朗读课文，读准停顿，读出自己的感受；学会自读课文，会标自然段，会根据教师的阅读提示读文，根据教师问题圈画文中的关键内容；会抓住关键词句理解课文内容，并联系生活实际理解课文内容；会正确使用"的"字词语的搭配。

阶段二：确定合适的评价证据

这个阶段思考的主要问题是：学生是否达到了预期结果？我们如何正确判断？有哪些学生的学习表现可以作为证据证明学生的理解和掌握程度？

1. 表现性任务

（1）朗读：能正确、流利地朗读课文，不加字、不漏字、不改字，读准字音和停顿，读出自己的感觉。

（2）合作学习：能根据教师的提问，联系生活实际、结合课文插图，从文中找到一些明显的信息并互相交流。

（3）自由交流：能积极举手发言，根据教师提问，在理解课文内容的基础上联系生活实际，把心中所想用简单的句子进行表达。

（4）说话练习：

① 会依照课文句式进行说话练习，表达即将去远足时充满期待、兴奋的心情。

② 会仿照课文句式，结合自己的经验说出什么时候觉得自己很大，什么时候觉得自己很小。

③ 能在教师创设的秋游情境中，看着图片，用上"怎么样的什么"，和爸爸妈妈说一说秋游想去哪里、准备带哪些东西；能想象要去的地方会有怎样的美好情景，并仿照课文进行表述。

④ 结合生活经验学习"的"字短语的搭配，会结合实际经验说一说生活中的所见，比一比谁说得多；体会到合理的"的"字词语搭配可以使语言表达更加具体、生动。

⑤ 能用自己的话说清楚《项链》一课中小娃娃的项链和大海的项链分别是什么，回答句式完整、内容齐全；联系生活中捕捉到的美好画面并能加以诗意表现，从中感受到美的熏陶。

⑥ 能用"阳光、笑声、歌唱"说一句话。

（5）基础训练：会认、会写本单元中的偏旁和笔画等，能正确区分形近的偏旁。听力板块、基础积累板块能够圈出正确的笔画、偏旁、字和句子；会默写，会辨析，会说通顺的句子。

2. 学生的自我评价和互评

（1）学生课堂内互评朗读情况。

（2）互相判定他人的"的"字词语搭配是否合理。

（3）互相评价他人的回答是否符合文意、句子是否通畅。

3. 其他证据

（1）课堂作业——能正确书写本单元的会写字，笔画正确、字迹端正。

（2）课堂检测——能够准确完成本单元课文中词语的默写，正确完成练习册习题，正确连线搭配"的"字词语。

（3）课堂互动——在课堂上积极思考，并根据教师的提问，准确找到课文内容并进行适当圈画，理解词句含义；大胆交流自己的见解，并准确回答教师提出的问题。

（4）补充练习——能独立完成课文的配套练习并保证一定正确率。

阶段三：设计学习体验和教学活动

在明确预期结果和评估证据的基础上，我们要思考哪些学习活动和哪些教学设计能够使学生达到预期的结果。设计学习活动时，我们要始终以学习目标和评估证据为参照。格兰特·威金斯和杰伊·麦克泰格列出了关键的教学和学习活动，并以WHERETO元素中的相应字母为每个活动编码。

W——了解单元学习方向（where）和预期结果（what）。

H——吸引（hook）学生注意力和保持（hold）学生兴趣。

E1——体验（experience）主要观点和探索（explore）问题。

R——反思（rethink）和修改（revise）学习。

E2——评价（evaluate）学习表现。

T——定制（tailored）个性化学习活动。

O——合理组织（organized）教学，使学生获得深刻理解，提升学习效果。

依据上述活动编码，设计如下单元学习活动：

（1）初步翻阅了解本单元三篇课文，知道都和儿童生活相关，要继续学习"理解课文内容"，学习使用"的"字词语的搭配。（W）

（2）交流去过的地方、怎么去的、心情怎么样，通过回忆交流自己的远足经历，体会儿童生活的快乐。（H）

（3）借助教师提示，结合课文内容，联系生活，激发想象，练习说话。如照课文的样子说一说：翻过来，唉——睡不着。那地方的_____，真的像_____，_____？（E1）

（4）看着图片，用上"怎么样的什么"，和爸爸妈妈说一说秋游想去哪里、准备带哪些东西；再想象一下要去的地方会有怎样的美好情景，并仿照课文句式说一

说。说完后结合评价表给自己的表现打上"五角星",并邀请爸爸妈妈给自己的发言进行评价。(T E2)

(5)通过个别读、小组读、齐读等多种朗读形式朗读文本,体会课文中不同儿童的内心世界。(O)

(6)同桌讨论,集体交流。

① 照课文句式说一说:"_____的时候,我觉得_____。"(T)

② "我"什么时候希望自己不要长大?什么时候又盼着自己快点儿长大?(H E1)

③ "我"这种想法值得肯定吗?"我"该怎么做?(R)

④ 小组讨论:我有没有过类似的心情?我这种想法值得肯定吗?我该怎么做?(R)

(7)读一读、连一连"的"字词语;照书上的样子、结合经验说一说"的"字词语,比比谁说得多。配合练习册上的儿歌找一找"的"字词语并诵读句子。(H T O)

(8)看着图片,结合生活经验,将自己所看到的,用简单的句子表达清楚。其他同学评价。(T E2)

(9)交流:小娃娃的项链和大海的项链分别是什么?(E1)

(10)交流:你从《项链》这篇课文中体会到了什么?(E1)

(11)进行单元词语的默写和课文的背诵检测。(E2)

本单元教学共9个课时。第1个活动到第2个活动是第1课时,第3个活动到第4个活动是第2课时,第5个活动是第3课时,第6个活动是第4课时,第7个活动是第5课时,第8个活动是第6课时,第9个活动是第7课时,第10个活动是第8课时,第11个活动是第9课时。

通过以上的逆向教学设计探索,我有如下两点思考。

1. 逆向教学设计是基于学生学习表现的教与学

对于教师来讲,要将学生的表现与期望的课程目标表现进行对比,分析其中存在的差距以及差距存在的原因。其中有的是教学设计的问题,有的是实际操作时引导的问题,也有学生的认知问题、理解能力问题,等等。教师要针对出现的问题,

小学语文"儿童生活"单元逆向教学设计 47

用辩证的眼光来看待，寻找问题的原因，最终形成改进问题的方案。

对于学生来讲，要对自己的学习表现进行反思：在预定的学习目标中，已经学会了什么？哪些目标没有实现？没有实现的原因是什么？哪些地方可以做得更好？这样的自我反思有助于学生不断地朝目标靠近。当然，这个反思过程需要教师指导，教师需要经常性向学生提出问题，如你的主要问题在哪里，你可以如何改进，等等。

2. 逆向教学设计是基于理解的单元整体教学设计

教师在正式开展整体设计之前，首先要确定单元教学的总目标，再明确课时教学的具体目标；要从单元核心训练点出发，统筹思考单元内不同课时的训练内容，并关注不同课时训练内容间的关联性和递进性，整合、提高学生的综合能力。

在设计教学时，首先要了解本单元的教学重点。这一单元的教学重点有两个：一是"联系学生的生活实际，理解课文内容"；二是"的"字词语的合理搭配。要在单元整体的设计中落实这两个教学重难点。因此，在教学设计时要基于学生的学情，先结合单元的内容，再结合单元课文后的课后思考题、泡泡提示语、学习任务提示等，围绕单元重点训练点，准确定位单元目标，设计单元教学总目标，以单元为基本单位开展教学设计。同时关注单元训练点之间的联系，针对学生学习内容与生活相脱节、"的"字短语不会合理搭配的学情，进行贴切的教学设计，使学生的综合素养得到更大的提升。

参考文献

格兰特·威金斯，杰伊·麦克泰格.追求理解的教学设计[M].闫寒冰，宋雪莲，赖平，译.上海：华东师范大学出版社，2017.

中华人民共和国教育部.义务教育语文课程标准（2022年版）[S].北京：北京师范大学出版社，2022.

小学语文"观察与发现"单元逆向教学设计

张辉霞

大多教师在设计教案时都只是关注自己的"教"而不是学生的学。教师们会首先花大量的时间思考自己要做什么,教学中要用到哪些资料,而不是首先思考为了达到学习的目的,学生需要做些什么。这就让我们的教学设计走入了两个误区:第一,"活动导向的设计",学生只动手不动脑,活动纵然有趣,但是未必能让学生在智力上获得成长。第二,"灌输式"学习,学生尽最大努力在规定的时间内完成规定内容的学习,却不能理解内容。在这种情况下,威金斯和麦克泰格的逆向设计给了我们启发。我们在教学活动中,可以把习惯的做法进行"翻转"来设计教学,通过我们的教学设计帮助学生了解活动和资源。

一、什么是逆向设计

教师是培养学生用表现展示理解的能力的指导者,而不是将自己的理解告知学生的陈述者。1998年,美国的教育专家格兰特·威金斯和杰伊·麦克泰格提出了"逆向设计"的概念和方法,"以终为始",从学习结果开始逆向思考,强调课堂、单元和课程逻辑上应该从想要达到的最终的学习结果中导出,而不是从我们擅长的教法、教材和活动中导出。

他们在书中为逆向设计提供了一个模板,分为三个阶段:

1. 确定预期结果

学生应该知道什么、理解什么、能够做什么,什么内容值得理解,什么内容需要持久理解。这里需要注意的是学生要学的内容是很多的,但是教学时间是有限的,所以我们需要做出选择,需要明确学习的内容以及内容的优先次序。

2. 确定合适的评估证据

我们需要收集评估证据证明预期的学习是否已经完成,在这里教师们要"像评估员一样思考"，思考如何确定学生是否已经达到了预期的理解。

3. 设计学习体验和教学

在逆向设计的第三阶段，必须要思考三个问题：学生需要获得哪些知识？哪些活动可以让学生获得所需要的知识技能？要完成目标，哪些资源和材料最合适？需要明确的是，只有我们明确了预期结果和评估证据，搞清楚它们意味着什么之后，才能真正做好教学设计。

二、逆向设计的三个阶段

我们以小学语文教材三年级第二学期第四单元"观察与发现"为例，尝试使用基于理解的逆向设计模板进行探索实践。为了使学习内容与要求更加集中，我们将这一单元的《花钟》《蜜蜂》《小虾》三篇文章整合在一起进行设计。

阶段一：确定预期的学习结果

阶段一的内容包括：确定单元教学目标和预期的学习结果。预期的学习结果又包括预期的迁移、预期的理解、需要思考的基本问题以及将要掌握的知识和技能。

1. 确定单元学习目标

单元的学习目标是依据语文学科核心素养和《义务教育语文课程标准》（2022年版）来确定的，确定后的单元目标如下：

（1）在预习中自主学习生字新词，运用各种方法理解文中词句的含义。

依据的核心素养：语言运用。通过主动的积累、梳理和整合，初步具有良好的语感；具有正确、规范运用语言文字的意识和能力，能在具体语言情境中有效交流沟通。

依据的学科课程目标：识字与写字。对学习汉字有浓厚的兴趣，养成主动识字的习惯；有初步的独立识字能力；能用音序检字法和部首检字法查字典、词典；能借助字典、词典和生活积累，理解生词的意义。

（2）正确、流利朗读课文，能借助关键语句概括一段话的大意，读懂课文内容，感受观察和发现带来的快乐。

依据的核心素养：思维能力。在语文学习过程中的联想想象、分析比较、归纳判断等认知表现，主要包括直觉思维、形象思维、逻辑思维、辩证思维和创造思维。

依据的学科课程目标：阅读与鉴赏。能初步把握文章的主要内容，体会文章表达的思想感情；学习圈点、批注等阅读方法；能对课文中不理解的地方提出疑问，乐于与他人讨论交流。

（3）能体会并积累课文中生动、准确的词句，能借鉴课文的表达仿写句子。

依据的核心素养：①语言运用。了解国家通用语言文字的特点和运用规律，形成个体语言经验。②审美创造。学生通过感受、理解、欣赏、评价语言文字及作品，获得较为丰富的审美经验，具有初步的感受美、发现美和运用语言文字表现美、创造美的能力。

依据的学科课程目标：阅读与鉴赏。积累课文中的优美词语、精彩句段，以及在课外阅读和生活中获得的语言材料。

（4）能借助图表记录自己做过的一项小实验，能按顺序将实验过程写清楚。

依据的核心素养：思维能力。在语文学习过程中的联想想象、分析比较、归纳判断等认知表现，主要包括直觉思维、形象思维、逻辑思维、辩证思维和创造思维。

依据的学科课程目标：表达与交流。观察周围世界，能不拘形式地写下自己的见闻、感受和想象，注意把自己觉得新奇有趣或印象最深、最受感动的内容写清楚；能用便条、简短的书信等进行交流；尝试在习作中运用自己平时积累的语言材料，特别是有新鲜感的词句。

2. 预期的学习结果

学习结果与学习目标是抽象和具体的关系。

（1）预期的迁移。

迁移是将学到的知识和技能用到新的情境中。迁移有两种：一是知识和技能的迁移；二是情感、思想、观点、原理、定律等的迁移。

① 能够找到课文中不同自然段处于不同位置的关键句，并借助关键语句概括一段话的大意。

② 能够体会用不同的词或句来表达同一个意思的好处，并进行仿写。

③ 能够借助图表记录实验的变化，并写出一篇习作，把习作内容写清楚。

④ 能够观察身边的事物，记录观察的"所见、所感"，体会观察的快乐。

（2）预期的理解。

理解的对象是大概念。本单元的大概念是：语言文字（字、词、句），积累词句，概括大意，写作（仿写、记录、按顺序写），感受和发现快乐。

"理解"的六个层面：①能解释（说明）：对于现象、事实、资料等提出有系统的叙述，做出有联系的分析，并提出阐明性的举例或例证。②能阐明（诠释）：讲述有意义的故事，对概念或事件能客观地揭示其意义。③能应用：将所学应用于新的、独特的、真实的情境中，或未知的情境中。④能洞察（有观点）：提出对事件、主题或情境的个人看法，并做出分析与结论，提出解决问题的方法。⑤能神入（有同理心）：展现设身处地为他人着想的能力。例如参与角色扮演、解读他人想法，以及分析他人行为并为其辩护。⑥能自知：自我反思与评价，以及阐述反思后的新认识，克服有偏见的想法。

本单元需要理解的事项是：

① 能用学过的方法理解课文中生动、准确的语言。（能应用）

② 能用正确的方法概括一段话的大意。（能应用）

③ 对文章的主要内容有自己的看法。（能洞察）

④ 能够体会作者对所写事物的喜爱之情或者人物身上的品质。（能神入）

（3）需要思考的基本问题。

基本问题由预期的理解转换而来。理解是抽象的，问题是具体的。

① 课文中哪些语句的描写是生动细致的？哪些方法帮助你理解课文中生动、准确的词或句？

② 怎样才能正确地概括一段话的大意？哪种方法最合适该段落？

③ 你是怎么知道文章的主要内容的？

④ 用什么方法能体会到作者对所写事物的情感？用什么方法能概括课文中人物的品质？

（4）将要掌握的知识和技能。

学生将学会的知识：掌握文中的生字新词，理解文中重要词语、句子的含义，了解三篇文章的大概内容。

学生将掌握的技能：正确、流利地朗读课文，默读课文，用不同的方式理解词语，概括自然段的大意，借鉴课文的表达进行仿写，能够借助表格记录自己做过的一项小实验，能够用顺序词把习作写清楚，能够用修改符号修改作文。

阶段二：预期的评估证据

我们如何知道学生是否已经达到了预期结果？哪些证据能证明学生的理解和掌握程度？逆向设计告诉我们要根据收集的评估证据来思考单元或课程教学，而不是简单根据要讲的内容来安排。

1. 表现性任务

（1）朗读和概括：学生通过朗读，了解自然段中每句话的意思，找到这个自然段是围绕哪一句话写的。学会借助关键语句概括自然段的大意。

（2）说和写：学生能够用不同的词或句形容鲜花开放的好处，并且能用拟人的手法仿写一种鲜花的开放。

（3）观察记录：学生能够观察身边的事物，在表格中准确记录，并自主完成一篇关于实验主题的习作。能将实验过程中的变化写清楚，用上顺序词语，写上自己的感受（包含自己的快乐感受）。

2. 其他证据

（1）课堂检测：能够准确完成本单元词语的默写，在课堂上流利地朗读课文。

（2）课堂互动：能说出课文中词语和句子的意思，能举例说明课文语言准确、严谨的具体特征，能说出课文的主要内容。

（3）抄写课文中描写生动细致的语句。

（4）能通过查字典、同伴交流、对比朗读等方法理解课文中生动、准确的词或句。

（5）能通过找到不同位置的关键语句，并根据关键语句的提示，用删减和补充的方法概括段落大意。

（6）能通过找中心句或概括每段大意的方法，了解文章的主要内容。

（7）能知道哪些语句用于表达人物的情感，并用直线画出这些语句，通过朗读体会这种情感。

（8）能通过人物的语言、行为概括人物的品格。

（9）作业：完成本单元课文内容理解的巩固性和拓展性作业。

3. 自评和反馈

（1）他评概括大意是否正确。

（2）自评和他评习作内容。

阶段三：确定合适的学习活动

现在，我们要根据前两个阶段的设计进行思考：设计哪些学习体验和教学活动？活动的顺序如何排列才有助于学生获得预期的学习效果？为了便于把学习和教学活动按照优先次序进行排列，逆向设计以 WHERETO 要素为活动编码，这些字母的含义是：

W——Where，了解单元学习的方向和预期结果。

H——Hook，把握学生的情况并保持学生的注意力。

E1——Equip，代表知识体验观点的探索。

R——Rethink/Revise，反思和修改等。

E2——Evaluate，允许学生对自己的作业和应用进行自评、互评。

T——Tailored，根据学生个体的需求、兴趣和能力来设计作业和活动。

O——Organized，最大限度地提升学生的学习动机与持续参与的热情。

本单元的学习活动顺序如下：

（1）以一些联系实际的问题（如：你曾经观察过自然界的哪些事物？你有什么发现？）引入课文。（H）

（2）出示课题，介绍本单元最终表现性任务（上传听课笔记，检查用红线画出的关键句，概括段落大意；进行课文主要段落的仿写；以"我做了一项小实验"为主题写作）。（W）

（3）开展课堂教学，探究文本，引导学生找到课文中处于不同位置的关键语句，并根据关键语句的提示，通过删减和补充的方法概括段落大意。（E1）

（4）引导学生默读课文，通过找中心句或概括每段大意的方法，了解文章的主

要内容。（E1）

（5）小组合作品读课文：通过查字典、对比朗读等方法理解课文中生动、准确的词或句，和同伴进行交流分享。（E2 R）

（6）引导学生有感情地朗读课文，体会作者对所写事物的情感。（H O）

（7）引导学生对课文主要段落进行仿写，引导学生通过两句话的对比，体会用拟人句和不用拟人句的不同之处。（H E1）

（8）课堂检测：组织学生正确、流利地朗读课文；抄写课文中描写生动细致的语句；能够准确完成本单元词语的默写。（H）

（9）完成人物介绍卡（法布尔）。（H O）

（10）做一个鸡蛋浮起来或者植物的茎能够吸水的实验，用图表记录实验的变化，完成介绍这次实验的习作，能够用修改符号修改作文，并进行自评和组内互评。（R O E2）

（11）专题作文。能够用顺序词把习作写清楚；在习作中用语言描写、表情描写和动作描写，表达观察后的快乐。（E1 O）

三、逆向教学设计的启示

1. 以学生学习为主，确定学习目标

许多教师在教学时都是先从固定的教材、擅长的教法，以及常见的活动开始思考，也就是说大多数的教师只关注自己的"教"而不是学生的"学"，不注重具体学习结果的设计。在逆向教学设计中，教师在设计之初首先明确学生达到的学习目标，带着学习目标和评估的证据去设计学生的学习活动，这就使得课堂上学习目标能够落到实处。

2. 从单元整体出发，明确学习内容

大多数情况下，我们的学生在课堂上都是被动地去进行学习活动，他们不知自己正在做什么，自己为什么要这么做，自己接下来要做什么。为解决教学中学生学习的被动性和知识的分散性，在逆向设计中我们把单元作为一个整体：首先整理单元的教学目标，接着确定单元的学习目标，然后确定评估证据，设计出符合学生实际的单元大任务。这些单元任务在每课时中分步出现，逐渐形成进阶活动，学生也在学习的过程中逐渐养成学习的主动性，获得完整的知识体验。

3. 基于学生的理解，设计学习活动

逆向设计理念的第一个关键词是"理解"，理解是知识迁移的基础。逆向设计的课堂中，希望学生能够将在一堂课上学到的知识应用到不同但相关的情境中，做到举一反三。比如说要确定学生是否理解了概括课文内容这一语文技能，我们就可以在学习《花钟》《蜜蜂》这两篇课文的基础上，继续学习略读课文《小虾》，设计学习活动来检查学生是否已经掌握了概括这一语文技能，并且能够灵活运用。

参考文献

格兰特·威金斯，杰伊·麦克泰格.理解力培养与课程设计——一种教学和评价的新实践［M］.么加利，译.北京：中国轻工业出版社，2003.

格兰特·威金斯，杰伊·麦克泰格.追求理解的教学设计［M］.闫寒冰，宋雪莲，赖平，译.上海：华东师范大学出版社，2017.

中华人民共和国教育部.义务教育语文课程标准（2022年版）［S］.北京：北京师范大学出版社，2022.

小学语文"神话"单元逆向教学设计

朱秀秀

在传统的语文教学中,教师往往会先从解读教材开始,思考如何完成教学任务,将知识点尽可能地传授给学生。也就是说,多数教师在教学时,关注更多的是自己的"教",而忽略了学生的"学"。这就造成在课堂教学结束后,教师无法及时知晓学生是否掌握了新授知识,而学生也不清楚自己是否真正理解了知识。在这种情况下,美国课程学家威金斯和麦克泰格提出的逆向教学设计给了我们启发,让我们"翻转"传统的教学设计,将预期的学习结果作为起点,再据此确定评价证据和学习活动,从而更好地帮助学生深度学习,提高教学的针对性和有效性。

一、逆向教学设计的内涵

逆向教学设计是"从终点——想要的结果(目标或标准)开始,根据标准所要求的学习证据(或表现)和用以协助学生学习的学习活动形成教学"。其过程主要由三个阶段组成:确定预期的学习结果,确定合适的评价证据,设计合适的学习活动。与一般的教学设计不同,一般的教学设计是从对教材的解读出发,先确定教学目标,再设计学习活动,最后开展教学评价。而逆向教学设计是坚持成果导向、程序重构,要求教师先确定学生的学习成果,再思考哪些证据能表明学生的学习达到了预期目标,最后设计合适的学习活动。

二、逆向教学设计的三个阶段

逆向教学设计分为三个阶段:确定预期的学习结果,确定合适的评价证据,设计合适的学习活动。它强调以目标为起点和归宿,视教学为学习目标达成的手段,这与基于课程标准和核心素养的教学理念相符。那么,小学语文教学中究竟应该如何进行逆向教学设计呢?下面以小学语文四年级上册"神话"单元的《盘古开天地》《精卫填海》《普罗米修斯》《女娲补天》四篇文章为例,尝试进行逆向教学设计。

阶段一：确定预期的学习目标

"阶段一"的内容包括单元学习目标和预期的学习结果，预期的学习结果又包括预期的迁移、预期的理解、需要思考的基本问题以及将要掌握的知识和技能。

1. 确定单元学习目标

本单元的学习目标是依据《义务教育语文课程标准》(2022年版) 来确定的，确定后的单元目标如下：

（1）认识41个生字，读准2个多音字，会写40个字，会写31个词语。背诵《精卫填海》。

依据的核心素养：语言运用——学生在丰富的语言实践中，通过主动的积累、梳理和整合，初步具有良好语感；了解国家通用语言文字的特点和运用规律，形成个体语言经验；具有正确、规范运用语言文字的意识和能力，能在具体语言情境中有效交流沟通；感受语言文字的丰富内涵，对国家通用语言文字具有深厚感情。

依据的学科课程目标：养成主动识字的习惯，有初步的独立识字能力，会运用音序检字法和部首检字法查字典、词典，理解生字新词的意思；写字姿势正确，能用硬笔熟练地书写正楷字，做到规范、端正、整洁；背诵优秀诗文。

（2）能正确、流利地朗读课文，产生阅读神话的兴趣，并围绕单元主题展开想象，写一个故事。

依据的核心素养：审美创造——学生通过感受、理解、欣赏、评价语言文字及作品，获得较为丰富的审美经验，具有初步的感受美、发现美和运用语言文字表现美、创造美的能力；涵养高雅情趣，具备健康的审美意识和正确的审美观念。

依据的学科课程目标：用普通话正确、流利、有感情地朗读课文；观察周围世界，能不拘形式地写下自己的见闻、感受和想象，并把自己觉得新奇有趣的内容写清楚。

（3）能了解故事的起因、经过、结果，学习把握文章的主要内容。

依据的核心素养：思维能力——学生在语文学习过程中的联想想象、分析比较、归纳判断等认知表现，主要包括直觉思维、形象思维、逻辑思维、辩证思维和创造思维；思维具有一定的敏捷性、灵活性、深刻性、独创性、批判性；有好奇心、求知欲，崇尚真知，勇于探索创新，养成积极思考的习惯。

依据的学科课程目标：能初步把握文章的主要内容。

（4）能感受神话中神奇的想象和鲜明的人物形象，学习神话人物身上优秀的精神品质。

依据的核心素养：文化自信——学生认同中华文化，对中华文化的生命力有坚定信心。通过语文学习，热爱国家通用语言文字，热爱中华文化，继承和弘扬中华优秀传统文化、革命文化、社会主义先进文化，关注和参与当代文化生活，初步了解和借鉴人类文明优秀成果，具有比较开阔的文化视野和一定的文化底蕴。

依据的学科课程目标：初步感受作品中生动的形象，关心作品中人物的命运和喜怒哀乐，在阅读中体会他们的思想情感和精神品质。

2. 预期的学习结果

学习目标与学习结果是抽象和具体的关系。学习结果要与上面的学习目标相对应。

（1）预期的迁移。

① 体会把握文章主要内容的方法，在习作中仿照课文的写法将故事的起因、经过、结果写清楚。

② 围绕单元主题进行创作，选择一个自己喜欢的神话或童话人物，以"我和_____过一天"为题，展开想象，写一个故事。

③ 能产生阅读神话的兴趣，进一步感受神话故事神奇的想象，并说出其他神话故事中神奇的地方。

（2）预期的理解。

理解的对象是大概念。本单元的大概念是：字（生字、多音字），阅读（朗读、背诵），鉴赏（人物形象、人物精神），思维（想象），写作。

逆向教学设计强调对事物的理解，所有学习结果都必须以理解为基础。关于理解，逆向教学设计者提出了"理解"的六个层面：①能解释（说明）：对于现象、事实、资料等提出有系统的叙述，做出有联系的分析，并提出阐明性的举例或例证。②能阐明（诠释）：讲述有意义的故事，对概念或事件能客观地揭示其意义。③能应用：将所学应用于新的、独特的、真实的情境中，或未知的情境中。④能洞察（有观点）：提出对事件、主题或情境的个人看法，并做出分析与结论，提出解决问题的方法。⑤能神入（有同理心）：展现设身处地为他人着想的能力，例如参与角色扮演、解读他人想法，以及分析他人行为并为其辩护等。⑥能自知：自我反思与评价，以及阐述反思后的新认识，克服有偏见的想法。

  本单元需要理解的事项是：

  ① 理解神话的特点。（能解释）

  ② 理解课文中人物形象的意义。（能阐明）

  ③ 理解把握课文主要内容的方法。（能洞察）

  ④ 理解神话故事的神奇。（能神入）

（3）需要思考的基本问题。

基本问题由预期的理解转换而来。两者是对应关系。

  ① 从本单元的神话故事中，你感受到这些神话有什么特点？

  ② 课文中有哪些人物形象？课文中的这些人物形象的意义是什么？

  ③ 本单元每篇课文的主要内容是什么？说一说如何把握课文的主要内容。

  ④ 你还读过哪些神话故事？哪些地方让你觉得很神奇？

（4）将要掌握的知识和技能。

  ① 学生将学会的知识：认识41个生字，读准2个多音字，会写40个字，会写31个词语；了解4篇神话故事的内容；了解神话的特点。

  ② 学生将掌握的技能：正确、流利地朗读课文，背诵《精卫填海》；学会抓住故事的起因、经过、结果，用自己的话完整地讲述课文中的故事内容；说出神话故事的特点；能展开想象，写一个自己与神话或童话人物之间的故事；具备搜集、处理、筛选、组织课外资料的能力。

阶段二：确定合适的评价证据

这一阶段的评价证据是与"阶段一"的预期学习结果相对应的，这就要求我们在设计单元课程时要根据收集的评价证据，思考如何确定学生已经达到预期结果，哪些证据能够证明学生的理解和掌握程度。

1. 表现性任务

（1）读书会——能正确、流利地朗读课文，注意把文中的神名读正确，并通过朗读产生阅读神话的兴趣。

（2）讨论会——能够说出自己把握文章主要内容的具体做法。

（3）故事会——能够按照起因、经过、结果的顺序，用自己的话完整地讲述课文中的故事内容。

（4）分享会——能够课后搜集其他的神话故事，积累课外知识，在课堂上分享神话故事中神奇的地方。

（5）小作家——能够结合单元主题，以"我和_____过一天"为题，展开想象，写一个与神话或童话人物有关的故事。

2. 其他证据

（1）课堂测验——能够准确默写本单元课文中的重点词语，能够背诵课文《精卫填海》。

（2）课堂互动——能准确说出课文中重点词语和句子的意思；能说出课文的主要内容；能抓住关键词句，说出课文故事情节中的神奇之处；能结合课文的具体内容，说出课文中的人物形象及其精神品质；能说出神话的特点。

（3）作业——完成本单元关于课文内容理解的巩固性作业和拓展性作业。

3. 自评和互评

（1）能够评价讲述课文故事内容时是否按照起因、经过、结果的顺序将内容说完整了。

（2）自评和互评习作中是否将故事的起因、经过、结果都写清楚了。

（3）自评和互评搜集、处理、筛选、组织课外资料的能力。

阶段三：设计合适的学习活动

在明确了学习目标和评价证据的基础上，我们需要思考设计哪些学习活动能使学生达到预期的学习结果。格兰特·威金斯和杰伊·麦克泰格在《追求理解的教学设计》这本书中，依据顺序逐次列出了关键的教学和学习活动，同时以WHERETO

元素中的相应字母为活动编码：

W——了解单元学习方向（where）和预期结果（what）。

H——把握（hook）学生情况和保持（hold）学生兴趣。

E1——体验（experience）主要观点和探索（explore）问题。

R——反思（rethink）和修改（revise）。

E2——评价（evaluate）学习表现。

T——定制（tailored）个性化学习活动。

O——组织（organized）教学，使其最大限度地提升学生的学习动机与持续参与的热情，提升学习效果。

依据上述活动编码，我设计了如下单元学习活动：

（1）以一些与神话相关的问题切入单元主题，调动学生的学习兴趣。如：世界是怎样形成的？人类是怎样诞生的？（H）

（2）出示单元主题，介绍本单元的最终表现性任务（正确、流利地朗读课文，说出把握文章主要内容的具体做法，按照起因、经过、结果讲述课文故事，搜集其他神话故事并在课堂上分享，以"我和＿＿＿＿＿＿过一天"为题进行写作）。（W）

（3）组织学生在早读课上以自读、齐读、分组朗读等多种形式正确、流利地朗读本单元的课文，初步了解课文的主要内容，产生阅读神话的兴趣，并在课后通过班级的网络平台开展读书会。（E1）

（4）开展课堂教学，探究文本。引导学生对文中重要词语和句子进行理解，并能够在具体的语境中准确运用词语；根据提示概括课文的主要内容；借助关键词句，体会课文故事情节中的神奇之处；体会课文中的人物形象及其所蕴含的精神品质；理解神话的特点。（E1 O）

（5）引导学生用自己的话完整地讲述课文中的故事内容，组内互评，讲述故事时是否按照起因、经过、结果的顺序将内容说完整了，每组推选一人参加班内的"故事会"。（R O E2）

（6）班内开展一次讨论会，结合本单元的四篇课文，说说自己把握文章主要内容的具体做法。（E1）

（7）引导学生进行课文重点词语默写及《精卫填海》课文内容的背诵检测。（E1）

（8）完成其他有关课文内容的巩固性和拓展性练习，教师批阅并给予相应的指导。（E1O）

（9）本单元课文学习结束后，引导学生进行写作。要求选择一个自己喜欢的神话或童话人物，围绕"我和_____过一天"展开想象，写一个故事，并自评和互评习作中是否将故事的起因、经过、结果都写清楚了，评价后尝试修改。（E2R）

（10）学生根据教师提示，课后搜集其他的神话故事，并在课堂上分享神话故事中神奇的地方。（TO）

（11）用评价单进行自评和互评，评价搜集、处理、筛选、组织课外资料的能力。（E2）

以上11个活动总共7课时，活动（1）（2）是第1课时，活动（3）是第2课时，活动（4）是第3课时，活动（5）（6）是第4课时，活动（7）（8）是第5课时，活动（9）是第6课时，活动（10）（11）是第7课时。

三、逆向教学设计的启示

1. 逆向教学设计是以单元为整体进行教学

传统的语文教学是针对单篇课文进行设计，课文与课文之间往往是割裂的。而逆向教学设计是在研读教材的基础上，对教材进行单元整体设计，通过分析、整合、重组，以一个完整的教学主题作为一个单元的教学。从单元整体出发设计学习活动，能帮助学生借助核心素养厘清课文篇与篇之间的内在联系。比如本单元的核心素养涉及"审美创造、文化自信"，用这两个核心素养能形成更加完整的知识体系、更加坚固的知识结构，也有助于单元教学目标的实现。

2. 逆向教学设计强调以学习结果为导向

在传统的教学中，教师先根据教材内容确定教学目标，再设计学习活动，最后开展教学评价。而逆向教学设计强调以学习结果为导向，要求教师先根据课程标准和学科核心素养确定学习目标，预估学生将达到的学习结果，再思考哪些证据能表明学生的学习达到了预期目标，最后根据评价证据设计有效的教学活动。比如本单元"阶段一"确定的学习结果有"你还读过哪些神话故事？哪些地方让你觉得很神奇";"阶段二"的证据有"课后搜集其他的神话故事，积累课外知识，在课堂上分享神话故事中神奇的地方";"阶段三"的活动有"课后搜集其他的神话故事，并在课堂上分享神话故事中神奇的地方"。这种"逆向"的教学设计模式使得教师能更好地站在学生的角度思考教学，为理解而教，让深度学习真实地发生。

3. 逆向教学设计关注学生的主体地位

学生是学习活动中的主体，但在传统教学中，我们往往更关注教师的"教"，忽略了学生的"学"。而在逆向教学设计中，教师从既定的教学经验中走出来，从现成知识讲授者的角色中走出来，由"教本位"转为"学本位"，根据学生的需求，将学习结果作为教学设计的起点，思考学生"能学到什么，能做到什么，能迁移什么，能应用什么"。本单元"阶段三"的十一个活动基本以学生的学习活动为主，这种以"学"为中心的逆向教学设计更贴近学生的学情，能促使学生由被动学习转为主动学习，真正成为课堂的主人。

参考文献

邹炳. 单元教学逆向设计案例集［M］. 上海：上海社会科学院出版社，2021.

中华人民共和国教育部. 义务教育语文课程标准（2022年版）［S］. 北京：北京师范大学出版社，2022.

基于大概念的单元逆向教学设计

——以小学数学"正方体与长方体的表面积"为例

王新颖

在以核心素养为导向的新时代背景下,学科大概念正成为引领学科课程教学改革的风向标。那么,如何以大概念为引领,进行单元教学设计?追求理解的逆向教学设计是较好的方式。本文尝试以小学数学"正方体与长方体的表面积"为例,探索基于大概念的单元逆向教学设计流程。

一、逆向教学区别于传统教学的优势

传统教学直接根据教学内容去设计教学环节的顺序,这个习以为常的顺序并不一定科学。美国课程学家格兰特·威金斯和杰伊·麦克泰格在《追求理解的教学设计》中指出,逆向设计的核心理念是:思考学生将要达到的目标—设计评估证据(检测学生的达成程度)—设计相应学习活动(预测、唤起、克服学生的误解)。即先确定一个单元的教学目标,再思考当学生达成这些目标的时候应该有哪些表现,怎样去评价和衡量这些表现,所有这些都考虑清楚,再有针对性地选择教学内容和材料、方法,设计合适的教学顺序。这样的设计顺序让教师感到很特别,与以往的单元教学设计的共同点是,对整个单元的内容,教师在脑海里有通盘的考虑;区别在于,逆向教学设计将"评估证据"前置,提至"学习活动设计"之前,即评价依据在先,教学环节在后。

除在单元设计的顺序进行革命性变革外,逆向设计的另一重要特征就是强调对事物意义的理解,理解的主要对象是大概念。关于理解,包括六个层面:①能解释(说明):对于现象、事实、资料等提出有系统的叙述,做出有联系的分析,并提出阐明性的举证或例证。②能阐明(诠释):讲述有意义的故事,对概念或事件能客观地揭示其意义。③能应用:将所学应用于新的、独特的、真实的情境中,或

未知的情境中。④能洞察（有观点）：提出对事件、主题或情境的个人看法，并做出分析与结论，提出问题解决办法。⑤能神入（有同理心）：展现设身处地为他人着想的能力，例如参与角色扮演、解读他人想法，以及分析他人行为并为其辩护等。⑥能自知：自我反思与评价，以及阐述反思后的新认识，克服有偏见的想法。

二、"正方体与长方体的表面积"的逆向教学设计

沪教版小学数学五年级第二学期第四单元"几何小实践"这一自然单元中，有长方体与正方体的认识、长方体与正方体的体积、正方体与长方体的表面积三个小单元。本文中的逆向设计针对的是第三个小单元："正方体与长方体的表面积"。

（一）确定预期学习结果

"正方体与长方体的表面积"是小学数学"图形与几何"中"图形的认识"和"测量"的内容，根据《义务教育数学课程标准》（2022年版）（以下简称《课程标准》）和数学核心素养，本单元的学习目标和学习结果如下：

1. 确定单元学习目标

（1）通过剪折、观察、想象等活动，认识到正方体的表面展开图都是由六个相同的正方形组成的，长方体的表面展开图都是由三组相同的长方形组成的，积累"立体—平面"双向联系的空间观念。

依据的数学课程目标：认识长方体、正方体，了解长方体、正方体的展开图；能辨认长方体、正方体的展开图，了解平面图形和立体图形之间的关系。

依据的数学核心素养："空间观念"主要是指对空间物体或图形的形状、大小及位置关系的认识，有助于理解现实生活中空间物体的形态与结构，是形成空间想象力的经验基础。借助折叠纸盒等活动经验，认识立体图形展开图，建立立体图形和展开后的平面图形之间的联系，培养空间观念和空间想象能力。

（2）知道正方体、长方体的表面积就是它们展开图的面积，借助正方体、长方体的展开图，推导出它们的表面积计算方法，理解推理过程。

依据的数学课程目标：通过操作、转化等活动，探索并掌握长方体、正方体表面积的计算公式。

依据的数学核心素养："空间观念"主要是指对空间物体或图形的形状、大小及位置关系的认识，有助于理解现实生活中空间物体的形态与结构，是形成空间想象力的经验基础。

（3）掌握正方体、长方体表面积的计算方法。按照要求，通过想象求出正方体、长方体的部分表面积。

依据的数学课程目标：掌握长方体、正方体表面积的计算公式，能用这些公式解决简单的实际问题。

依据的数学核心素养："模型意识"主要是指对数学模型普适性的初步感悟，知道数学模型可以用来解决一类问题；能够认识到现实生活中大量的问题都与数学有关，有意识地用数学的概念与方法予以解释。

（4）通过操作、分析、想象，利用表面积等有关知识解决简单的实际问题，经历不同层次的问题解决过程，积累联系、化归、转化、推理等思考经验，发展发现、提出、分析、解决问题的能力。

依据的数学课程目标：掌握长方体、正方体表面积的计算公式，能用这些公式解决简单的实际问题。

依据的数学核心素养："应用意识"主要是指有意识地利用数学的概念、原理和方法解决现实世界中的问题，有助于用学过的知识和方法解决简单的实际问题，养成理论联系实际的习惯，发展实践能力。能够感悟现实生活中蕴含着大量的与数量和图形有关的问题，可以用数学的方法予以解决。

2. 预期的学习结果

预期的学习结果是上述学习目标达成的具体化表现。

（1）预期的迁移是什么？

迁移即将学到的知识、技能等运用到新的情境中。迁移的对象主要分为两类，一类是知识技能的迁移，一类是思想、原理、定律、情感等的迁移。

① 学生将探索正方体表面积的推导过程，并将其迁移到长方体表面积的计算。

② 学生通过学习常规正方体、长方体表面积计算方法，能够将其迁移到日常生活中，在各种相关情境中，都能进行表面积数学建模。

（2）预期的理解是什么？

理解的对象是大概念，本单元的大概念有：图形（平面、立体），立体图形（正方体、长方体），数学建模与生活/生产问题的关系。

① 理解并建立正方体、长方体具有"立体—平面""平面—立体"的双向联系的空间观念（能解释）。

② 理解什么是正方体、长方体表面积求解模型（能阐明）。

③ 理解生活中如何知道哪些问题情境可以看作求正方体、长方体的表面积，或者知道人们是如何利用正方体、长方体表面积求解模型解决生活/生产中的问题的（能应用）。

④ 理解数学建模在多大程度上能帮助人们解决生活/生产问题（能洞察）。

（3）需要思考的基本问题。

主要问题由理解转化而来，并指向大概念。

① 正方体、长方体剪开后是什么样的？

② 立体图形（正方体、长方体）和平面图形有什么关系？

③ 正方体、长方体表面积的计算方法是什么？怎么推导的？

④ 在我们生活中，哪些问题可以看作求正方体、长方体的（部分）表面积？

⑤ 生活/生产中哪些情境需要用长方体、正方体表面积数学建模知识来解决？

⑥ 生活/生产中哪些问题需要用长方体、正方体的体积（容积）、棱长、表面积等数学建模知识来解决？

（4）需要掌握的知识与技能。

学生将会知道：①正方体、长方体展开图；②正方体、长方体表面积及其变式计算方法；③表面积变化规律及多种计算方法。

学生将能够：①判断并利用学具验证展开图能否沿虚线折成正方体、长方体；②根据正方体、长方体表面积计算公式，计算相应立体图形表面积；③根据正方体、长方体表面积计算公式，计算常见物体的表面积；掌握表面积变化规律，解决问题情境中的表面积问题。

（二）确定合适的评价依据

在确定目标之后，需制定评估证据，这是逆向设计异于常规教学设计的核心之处。由评估证据，我们才能了解学生掌握的程度是否达到了预期。

1. 表现性任务

（1）剪一剪——剪正方体再展开，能够得到不同的正方体展开图。

（2）辨一辨，折一折——先判断哪些六连块或平面组合图形能折成正方体、长方体，然后验证哪些六连块或平面组合图形能折成正方体、长方体。

（3）口语报告——能说出什么是正方体、长方体的表面积，熟练说出两者的计算公式推导过程。

（4）实践操作——在日常生活中能够完成问题情境中的表面积计算。

（5）调查——能到生活中找到多个可以应用正方体、长方体表面积公式的物体，并进行描述。

（6）归纳——能结合调查和学习，用思维导图的形式较为系统地归纳出长方体、正方体的建模能够解决生活/生产中的哪些问题。

2. 其他证据

（1）小练习——能对正方体、长方体展开图进行判断。

（2）小测试——能根据正方体、长方体表面积公式正确计算表面积。

（3）作业——能解决求正方体、长方体表面积的巩固性、拓展性变式问题。

3. 学生自我评价和互评

（1）能自评对正方体、长方体表面积的计算掌握程度。

（2）能自评、互评实践操作的表现。

（三）设计学生的学习活动

逆向设计以WHERETO七个字母为活动编码，它们的含义是：

W——帮助学生了解本单元的学习目标（where）及预期的结果（what），帮助教师了解哪里（where）是起点（诊断起始的知识点、兴趣点）。

H——吸引（hook）和保持（hold）学生的兴趣。

E1——做好相应的准备（equip），帮助学生参与体验（experience）和探索

（explore）问题。

R——提供机会帮助学生不断反思（rethink）和修改（revise）对重要概念的理解和学习表现。

E2——提供机会帮助学生对自身的学习过程和作业进行评价（evaluate）调整。

T——对不同学生的学习需求、兴趣、能力量身定制（tailored）学习活动。

O——组织（organized）最佳学习顺序，激发学生学习热情、保持学习动机，提升学习效果。

本单元的学习活动顺序如下：

（1）出示真实情境：礼盒可以看作数学中的什么图形？计算包装纸的大小，本质是要计算该图形的什么？（W H）

（2）提供不同材质模型（纸质正方体、长方体和磁力片），对正方体、长方体剪一剪、拼一拼或画一画，感知体验正方体、长方体展开图的基本组成，建立正方体由立体到平面、平面到立体的双向联系空间表象。（E1 T）

（3）根据展开图，自主选择方法探索推导正方体表面积计算方法，再用推导正方体表面积的方法去推导长方体表面积的方法，知道正方体、长方体表面积计算方法（公式），并知道推导过程。（R E2）

（4）调查并交流：生活中还有哪些情境也是求正方体、长方体的表面积？（W H）

（5）应用公式解决日常生活情境中较简单的正方体、长方体表面积问题。（E1）

（6）探究综合性较强的挑战性问题，用自己喜欢的方法（画图、在模型上标注数据等），尝试把情境中的问题抽象、建模成求解正方体、长方体表面积（部分）。探索、巩固五个面（无盖或无底）、四个面（侧面积）的变通计算方法。（E1 T）

（7）探究生活中多个正方体（长方体）合并后的表面积问题（礼品包装问题等）解决方法，评价并归纳出最优解决方案。（E2）

（8）交流、归纳：交流并归纳长方体、正方体的建模能够解决生活/生产中的哪些问题，以思维导图的形式呈现。（O）

以上8个活动共需要8课时，其中第一课时为活动（1）和活动（2），第二课时为活动（3），第三课时为活动（4），第四课时为活动（5），第五课时为活动

（6），第六、第七课时为活动（7），第八课时为活动（8）。

三、逆向教学设计的启示

1. 不建议所有教学和评估总是着眼于深入和复杂的理解

人们提出一个教育主张时，往往容易陷入极端，即唯有此法最好、适用所有教学内容。而《追求理解的教学设计》作者格兰特·威金斯和杰伊·麦克泰格在"关于本书可能误解的解释"中，郑重告诫读者：这只是多种教学形式中的一种，不建议所有的教学和评估总是着眼于深入和复杂的理解。作者为"追求理解"的教学设计限定了一个前提，即该主题确实需要学生深入理解。而有一些内容，如学习字母表、某些基础技能，"知道"这个目标即足够，没有必要深度理解所有事情。作者的这个提示，有利于帮助教师慎重审视课程标准、内容、学情，并制定适切的教学目标。

这与笔者的想法不谋而合：教育最忌讳的就是认为一个理论放之四海而皆准，所有学科、所有内容都要全盘执行和实施。这违背了教育的科学性、艺术性。教育中的某种理论就像兵法中的一计，真正的军事家在战场上，并不是只用一个计策，而是在瞬息万变的情况下，能够灵活选择合适的策略。因此，需要严谨、科学地审视理论或方法的适用范围。

2. 什么样的问题适合作为基本问题

追求理解的教学设计与"小步子、满堂问"的教学在本质上的区别是，以大概念构成的基本问题引领整个单元的学习。学生从一开始就和教师一样明确目标在哪里，带着这个清晰的目标，师生共同经历探索和体验、修正对基本问题的理解。那么应该如何设计单元的基本问题呢？《追求理解的教学设计》的作者认为，基本问题与日常课程及教材中经常提出的问题的关键区别是，不能用简短的句子回答，而是能激发深入探究、设计范围广、充满迁移的可能性。"探索这样的问题，能够使我们揭示某一话题的真正价值，如果不这样，这价值可能会被课本中的浅显讲述或教师的常规授课所模糊掉。"最好的问题是指向和突出大概念的，其有四种内涵：指向我们一生中重复出现的重要问题，指向某一学科的核心思想和探究，指向学习核心内容所需要的东西，能够最大程度地吸引特定的、各种各样的学习者。

参考文献

王强，李松林.学科大概念的剖析与建构——以物理学科为例［J］.上海教育科研，2021（10）.

邹炳.单元教学逆向设计案例集［M］.上海：上海社会科学院出版社，2021.

格兰特·威金斯，杰伊·麦克泰格.追求理解的教学设计［M］.闫寒冰，宋雪莲，赖平，译.上海：华东师范大学出版社，2017.

小学数学"三位数加减法"单元逆向教学设计

陆丽娜

一、传统教学与逆向教学的区别

逆向教学设计主要是指在开展教学活动前，教师首先明确需要达到的教学目标，也就是说在设计开始时就已经在脑海里清楚其结果，并且为了达到该结果而进行设计，然后采取与之相对应的教学活动加以落实。这一教学模式可以让学生主动地参与整个学习过程，加深学生对学习目标的理解，确保后期评估标准的科学性。而传统教学设计的目的性和方向性不强，容易在具体实施的过程中受到不确定因素的影响而发生改变，教师难以做出及时和准确的调整。

二、"三位数加减法"的逆向教学设计案例

"三位数加减法"系沪教版小学数学二年级第二学期第四单元的学习内容。

阶段一：确定预期的学习结果

1. 确定的单元学习目标

（1）能熟练口算千以内整十数、整百数的加减法，掌握三位数加减法的多种算法，理解算理，运用计算方法进行正确的计算；逐步养成认真审题、工整书写、自觉检验的良好的学习习惯。

依据的数学课程目标：能进行整数四则混合运算。

依据的数学核心素养：运算能力。主要是指根据法则和运算定律进行正确运算的能力。

（2）通过不同的材料、模型将两位数加减法的算法类推至三位数加减法，探究计算方法，逐步发展类比推理和知识迁移能力。

依据的数学课程目标：能解决生活中的简单问题，并能对结果的实际意义做出解释；经历探索简单规律的过程，形成初步的模型意识和应用意识。

依据的数学核心素养：推理意识。能够通过简单的归纳或类比，猜想或发现一些初步的结论。

（3）通过观察、比较、交流等活动，以及在具体情境中初步学习用整十数、整百数进行估算的方法，体会不同估算方法的异同，逐步养成估算意识，丰富数感。

依据的数学课程目标：在解决实际问题的过程中，能结合具体情境，选择合适的单位进行简单估算，体会估算在生活中的作用。

依据的数学核心素养：运算能力。能够理解运算的问题，选择合理简洁的运算策略解决问题。

（4）能从原有情景或题目中发现新问题，提出新问题，逐步发展"发现问题、提出问题、分析问题，能用三位数加减法解决一些简单实际问题"的能力。

依据的数学课程目标：在解决简单实际问题的过程中，理解四则运算的意义，能进行整数四则混合运算。

依据的数学核心素养：模型意识。能够认识到现实生活中大量的问题都与数学有关，有意识地用数学的概念与方法予以解释。

2. 预期的学习成果

（1）预期的迁移。

① 学生能在实际生活中进行三位数加减法的估算和计算。

② 学生能在实际生活中，根据具体情境应用规律、类比和运算定律快速且准确地发现、提出、分析和计算解决问题，并对结果做出判断。

（2）预期的理解。

理解的对象是大概念。本单元的大概念是数学运算（整十数、整百数、三位数、加减法、算法、算理）与实际问题（发现、提出、分析、解决）。

① 理解三位数加减法的计算算法与算理。（能解释）

② 借助板条块、简图、算盘和数射线草图等数学模型，理解三位数加减法的算理，体会横式与竖式的联系。（能阐明）

③ 在实际生活中，根据具体情境发现、提出问题，并通过分析数量关系解决问题。（能应用）

④ 在情境辨析中体会不同估算方法的异同，提出自己的看法。（有观点）

⑤ 将两位数加减法的算法类推至三位数加减法，探究并理解计算方法。（能阐明）

⑥ 在练习的过程中，养成认真审题、工整书写、自觉检验的良好的学习习惯。（能自知）

（3）需要思考的基本问题。

下面的基本问题是对应上面预期的理解转化而来。

① 三位数加减法的计算算法与算理是什么？

② 三位数加减法的横式计算和竖式计算有什么联系？

③ 三位数加减法在实际生活中是如何应用的？

④ 三位数加减法有几种估算方法？有何异同？如何选择？

⑤ 两位数加减法和三位数加减法有何联系？有何异同？

⑥ 怎样养成认真审题、工整书写、自觉检验的良好的学习习惯？

（4）需要掌握的知识与技能。

学生将会知道：①千以内整十数、整百数加减法的算理及口算方法；②三位数加减一位数的算理及计算方法；③三位数加减法的横式计算与竖式计算的算理及计算方法；④用整十数、整百数进行估算的方法。

学生将能够：①根据数据特征体会方法的灵活性，选择算法合理计算；②借助板条块、简图、算盘和数射线草图等数学模型，理解三位数加减法的算理，体会横式与竖式的联系；③用三位数加减法解决一些简单实际问题；④在解决实际问题中体会不同估算方法的异同，逐步养成估算意识，丰富数感；⑤逐步养成认真审题、工整书写、自觉检验的良好的学习习惯。

阶段二：确定合适的评估证据

如何判定学生是否已经达到了预期结果？哪些证据能够证明学习者的理解和掌握程度？基于这些问题的思考，我们需要根据收集来的评估证据来思考学生是否达到了预期的理解目标。

1. 表现性证据

（1）口头表达——能直接口算出整百数、整十数加减法。

（2）口头表达——能说出三位数加减法横式计算和竖式计算之间的联系。

（3）动手操作——能借助板条块、简图、算盘和数射线草图等数学模型圈一圈、画一画，探索三位数加减法横式计算的方法。

（4）正确判断——能在估算学校人数时选择整百数进行估算。

（5）总结发现——三位数加减法竖式计算的步骤与方法。

（6）验证结果——在解决问题过程中能应用规律、类比和运算定律巩固三位数加减法的计算方法与算理。

（7）口头表达——能说出题目中给出的条件、问题是什么。

（8）口头表达——能说出三位数加减法的估算方法。

（9）正确判断——能在估算每班人数时选择整十数进行估算。

2. 其他证据

（1）口算竞赛——三分钟口算（含两位数的加减法以及整百数、整十数加减法）竞赛。

（2）综合实践——结合三位数加减法的计算方法，计算家庭一周收支情况。

3. 自评与互评证据

（1）自评整百数、整十数加减法的口算能力。

（2）自评三位数加减法横式计算与竖式计算的熟练程度。

（3）互评三位数加减法竖式计算步骤的表述的完整程度。

（4）互评三位数加减法横竖式的书写工整程度以及检验习惯。

（5）自评与互评家庭一周内收支情况，培养勤俭节约的品质和良好习惯。

阶段三：确定合适的学习活动

哪些活动可以使学生有效地开展学习并获得预期结果呢？要获得预期结果，哪些材料和资源是最合适的呢？格兰特·威金斯等人在设计学习活动时创造了 WHERETO 模式。本阶段教学活动就以 WHERETO 元素中相应的字母为活动编码：

W——Where，了解单元学习的方向和预期结果。

H——Hook，把握（hook）学生情况和保持（hold）学生学习兴趣。

E1——Equip，代表知识体验观点的探索。

R——Rethink/Revise，反思和修改。

E2——Evaluate，允许学生对自己的作业和应用进行自评、互评。

T——Tailored，根据学生个体的需求、兴趣和能力设计作业和活动。

O——Organized，组织教学，使其最大限度地提升学生的学习动机与持续参与热情，提升学习效果。

依据上述活动编码，本单元的活动顺序如下：

（1）复习旧知：独立完成"44＋27"的横式计算和竖式计算，正确写出计算过程。（W E1）

（2）看图计算：通过看数射线，口算出"200＋500"和"900－600"，同桌互说计算方法。（T O）

（3）自主探究：通过计算例如"33＋5""333＋5"与"33－5""333－5"这类的类比题，加强三位数加减一位数的算理及计算方法的理解。（E）

（4）口算比拼：小组内进行口算比拼，说一说自己为什么能算得这么快。（E2 T）

（5）找出规律：通过类比、推算独立完成"43＋36""43＋536""243＋36""243＋536"的计算，建立联系，说出异同。（W）

（6）排列比较：通过观察数据，列式计算，能把"57＋618""145＋555""302＋379""264＋426"按得数从小到大排列。（W H）

（7）作图理解：选择喜欢的数学工具圈一圈、画一画，并写出"356＋247"对应的横式计算和竖式计算过程，建立两者的联系。（W E1）

（8）自主探究：借助简图画一画，完成"245－127"的横式计算和竖式计算，通过对比，说一说三位数加减法横式计算和竖式计算之间的联系。（T O）

（9）自主探究：独立完成横式计算"567＋186"和竖式计算"567－186"的计算过程。通过观察竖式计算的计算过程，加强对加法运算定律的理解。（W E1）

（10）判断对错：能在判断三位数加减法的竖式计算是否正确中，巩固三位数加减法竖式计算的方法，从而体会到认真审题、工整书写、自觉检验的重要性。（R E2）

（11）交流总结：通过尝试计算，交流并总结三位数加减法的横式计算与竖式

计算方法。（ＷE1）

（12）尝试估算与计算：通过小巧在周末从家出发陪妈妈去超市购物的情境，解决小巧和妈妈走三条路线中哪条更近的问题，先观察数据，通过估算排除其中一个路线，再列出三位数加法的算式，在尝试计算、交流总结中得出最后的结论。（ＷHE1）

（13）体验估算：出示礼品商店价目表，让学生估算老师带 400 元是否够买一盒巧克力（212 元）和一套故事书（169 元），感受估算的好处。（ＴO）

（14）自主探究：创设小亚家、小丁丁家和少年宫都在同一条笔直的马路上，小亚家距离少年宫有 536 米，小丁丁家距离少年宫 905 米，小丁丁和小亚的家相距多少米的问题情境，引导学生用三个积木块代替三个地方的方法，先摆一摆，分析有哪些可能的情况，再通过计算，从而得出结果。（ＷRO）

（15）尝试计算与估算：创设两个小组拾贝壳的情境，估算两个小组大约共拾贝壳多少个，以及两个小组拾贝壳大约相差多少个，理解要先把题目中的数据用相邻整十数或整百数进行估算，再通过计算得到估算的结果，体会两种估算方法的异同。（ＨE1）

（16）估算探究：创设帮小猫整理鱼篓的情境，把不同的鱼代表的加减法算式按照"比 500 大"或"比 500 小"分一分。体验解决问题时，根据数据特点，灵活使用估算方法。（ＨE1）

（17）解决问题：创设城市规划馆接待游客情境，通过分析问题情境的数量关系，选择合适的问题并列式计算，在计算时引导学生养成列竖式的好习惯。（ＷH）

（18）解决问题：创设小丁丁的爸爸带着 1000 元购物券去超市买两件小家电的情境，观察数据，列式计算，得出小丁丁爸爸的购物策略，以及各需要多少钱，解决生活中实际问题。（ＨRO）

（19）核对纠错：运用所学知识，在核对纠错中巩固新知，培养学生数形结合的能力，体会认真审题、工整书写、自觉检验的重要性。（ＲE2）

以上 19 个活动分为 5 个课时：（1）（2）（3）（4）属于第一课时，（5）（6）（7）属于第二课时，（8）（9）（10）（11）属于第三课时，（12）（13）（14）（15）属于第四课时，(16)(17)(18)(19)属于第五课时。

三、逆向教学设计的启示

逆向教学设计，以学生为本，致力于提升学生的数学学习力，发展学生的数学核心素养。它还带给了我如下启示。

1. 从直接灌输到问题建构

作为一名青年教师，在此之前，我的课堂教学准备主要分为两个环节，一是准备教学预案，二是分析学生学情。然而通过深入研究逆向设计，我发现逆向教学设计可使老师站在学生的角度思考教学，教师的课堂准备是从教学目标开始，接着通过问题、任务等，促使学生展开自主性的数学学习。

关于计算教学，课程标准要求："把培养学生的计算能力作为数学教学的一项重要任务。"作为数学教师，一定要认真分析、准确找出学生计算能力弱的原因，以便对症下药，确保质量。因此，在"三位数加减法"的计算教学中，我给学生设计了如下问题："我们之前学过的两位数加减法和接下来要学习的三位数加减法会有何联系，有何异同呢？"让学生首先观察数据，再通过不同的材料、模型将两位数加减法的算法类推至三位数加减法，自主探究计算方法，从而逐步发展类比推理和知识迁移能力。正是基于学生的逆向学习，老师不再一味输出知识，学生不再只是一味地接收新知识，能超越固化思维，自主探究学习，更是让低年级学生感受到了满满的成就感。

2. 从知识教学到素养教学

在此之前，我所认知的数学课堂是追求学生对数学知识的掌握的单一教学。而逆向设计的培养目标是理解和应用所学知识的能力——在真实的生活情境中恰当地连接、理解和使用离散的知识和技能，从而让教师在教学时从关注基础知识教学转移到关注学生实际生活的素养教学中来。

例如在"三位数加减法"这一单元中"三位数加减法的估算"这一课时的教学中，有的教师会先让学生复习寻找整十数、整百数，随后引入如何计算"大约有多少"。我则创设了带400元买东西的情境，比一比谁能快速说出老师买了哪两样物品。在让学生关注生活中的实际问题后，又利用学生间的思维差异，让最先得到结果的学生说一说是如何思考的。这位学生的解答，让其他学生改变思考、探究的思路，从而盘活学生的数学思维，引发学生的深度探究。在互动、交流、研讨中，学生不仅掌握了估算的方法，体会到了估算的好处，逐步养成估算意识，也丰富了数感，更是让学生充分感受到了数学知识在生活中的应用，更大地提升了学生的数学素养。

参考文献

格兰特·威斯金，杰伊·麦克泰格.追求理解的教学设计［M］.闫寒冰，宋雪莲，赖平，译.上海：华东师范大学出版社，2017.

中华人民共和国教育部.义务教育数学课程标准［S］.北京：北京师范大学出版社，2022.

中华人民共和国教育部.普通高中数学课程标准（2020年修订）［S］.北京：北京师范大学出版社，2021.

小学数学"统计"单元逆向教学设计

徐丹华

一、传统教学和逆向教学的区别

传统教学是由课标的总体教学目标出发,依据课标中对相关知识点的要求,通过分析教材的内容结构进行教学内容、教学流程的设计。这样的设计可以较好地贯彻教材内容,也确保了各教学阶段内容的关联性,但也容易陷入教学设计的误区。就小学数学教学而言,以活动为导向的设计是较为典型的,但活动纵然有趣,却未必能让学生获得智力上的成长。由于这些以活动为中心的课程缺乏对存在于学生头脑中的数学概念与经验的足够关注,在活动的过程中学生往往"只动手不动脑",认为自己的任务只是参与,认为学习只是活动,而不是对活动意义的深刻思考。

逆向教学是对传统教学的变革、翻转,是先确定学习的预期结果,再明确预期结果达到的证据,最后设计教学活动。也就是说,教师在展开教与学的活动之前,先明确此类活动所欲达到的目标是什么,以及哪些评估指标能够表明教学已达成目标,从而选取适宜的教学方法、教学材料、教学活动以及教学过程。本文尝试以沪教版小学数学二年级第一学期的"统计"单元进行逆向教学设计。

二、逆向设计的三个阶段

阶段一:确定预期的学习结果

1. 预期的学习目标

(1)经历数据收集、数据整理、数据描述和数据分析等统计过程,在具体情境中了解简单的数据处理方法。

依据的学科核心素养:数据意识。主要是指对数据的意义和随机性的感悟。

依据的数学课程目标:经历简单的数据收集和整理、描述和分析的过程,了解简单的收集数据的方法,会呈现数据整理的结果。

（2）在数据收集过程中，会用画"正"字或"竖杠"等方法进行数据的记录。

依据的学科核心素养：符号意识。主要是指能够感悟符号的数学功能。

依据的数学课程目标：知道符号表示的现实意义，能够初步运用符号表示数量、关系和一般规律。

（3）能进行数据整理，并运用简单的统计表呈现统计数据。

依据的学科核心素养：数据意识。主要是指对数据的意义和随机性的感悟。

依据的数学课程目标：知道现实生活中许多问题应当先做调查研究，收集数据，感悟数据蕴含的信息；知道同一组数据可以用不同方式表达。

（4）在观察、比较同一情境中的统计表和条形统计图的过程中认识简单的条形统计图。

依据的学科核心素养：抽象能力。主要是指通过现实世界中数量关系与空间形式的抽象，得到数学的研究对象，形成数学概念、性质、法则和方法的能力。

依据的数学课程目标：能从实际情境中抽象出核心变量、变量的规律以及变量之间的关系，能够从具体问题解决中概括出一般结论。

（5）能运用简单的条形统计图呈现统计数据，并解决简单的数学问题。

依据的学科核心素养：模型意识。主要是指对数学模型普适性的初步感悟。

依据的数学课程目标：能够认识到现实生活中大量的问题都与数学有关，有意识地用数学的概念与方法予以解释。

2. 预期的学习结果

（1）预期的迁移。

迁移是将学到的知识、技能或观点、原理运用到新的情境中去。

① 学生能了解简单的数据处理的方法并运用到生活中。

② 学生能运用简单的条形统计图呈现生活中的数据，并解决相关的生活问题。

（2）预期的理解。

理解的对象是大概念。本单元的大概念是数据（数据记录、数据统计）、统计（统计表、统计图）。

① 学生将会理解"正"字或"竖杠"表示的数据含义。

② 学生将理解条形统计图中一格表示的数量。

③ 学生将理解统计表与条形统计图之间的关系。

④ 学生将理解条形统计图中每一直条表示的含义。

（3）需要思考的基本问题。

基本问题由预期的理解转化而来。

① "正"字或"竖杠"表示的数据含义是什么？

② 条形统计图中一格表示多少？

③ 统计表与条形统计图之间是什么关系？

④ 条形统计图中每一直条表示的含义是什么？

（4）学生将会获得的知识和技能。

学生将会知道：①不同的收集记录数据的方法，如画"正"字或"竖杠"；②统计表中各部分的名称；③条形统计图各部分名称和特点；④统计表与条形统计图之间的联系；⑤画条形统计图的方法。

学生将能够：①运用不同的方法收集记录数据；②借助统计表或统计图提供的信息回答相关问题；③运用统计表或统计图解决生活中的统计问题；④运用收集记录的信息正确画出条形统计图。

阶段二：确定合适的评价证据

如何知道学生达到了预期的结果？从哪些地方我们可以了解到学生的掌握程度？这需要我们确定合适的评价证据。

1. 表现性任务

（1）说一说——能介绍生活中收集数据的具体方法，并说出这些方法的好处。

（2）记一记——能用画"正"字或"竖杠"等方法记录、收集数据。

（3）理一理——能设计简单的统计表并将数据记录其中，以使用统计表的形式将数据进行呈现。

（4）画一画——会根据统计表画简单的条形统计图。

2. 其他证据

（1）随堂小练习——能根据收集到的信息正确填写统计表，能根据提供的信息将条形统计图补充完整，知道条形统计图一格表示几，能根据条形统计图提供的信息回答简单的实际问题。

（2）综合实践——小组合作选择合适的内容进行统计，通过数据的收集整理、填统计表、画统计图等方式解决生活中的问题。

3. 自评与互评

（1）自评是否能够选择合适的方法进行统计并整理数据。

（2）自评是否能够根据收集或提供的数据正确画出条形统计图。

（3）自评是否能够根据统计图或统计表正确回答问题。

（4）互评所画的条形统计图是否美观。

（5）互评在小组合作过程中参与度如何，是否能够主动完成自己的任务。

阶段三：确定合适的学习活动

本阶段的活动以 WHERETO 元素中相应的字母为活动编码。

W——Where，了解单元学习的方向和预期结果。

H——Hook，把握（hook）学生情况和保持（hold）学生学习兴趣。

E1——Equip，代表知识体验观点的探索。

R——Rethink/Revise，反思和修改。

E2——Evaluate，允许学生对自己的作业和应用进行自评、互评。

T——Tailored，根据学生个体的需求、兴趣和能力设计作业和活动。

O——Organized，组织教学，使其最大限度地提升学生的学习动机与持续参与热情，提升学习效果。

本单元的活动顺序如下：

（1）了解学情：调查班级同学最喜欢的水果并把大家的选择情况记录下来。（H O）

（2）互动交流：学生介绍记录的方法，比较并选出最简洁、易懂的方法。（E1 R E2）

（3）介绍画"正"字和表格的记录方法，学生书空"正"字并数一数。（W H）

（4）用画"正"字和表格的方法再次记录班级同学最喜欢的水果情况。（R）

84　基于理解的逆向教学设计案例集

（5）小练习：根据所给的表格信息说一说喜欢各种运动的人数并检验。（R T）

（6）介绍画"竖杠"的记录方法，学生书空并数一数。（W H）

（7）小练习：根据所给的表格信息说一说小区超市某天各种饮料的销售数量并检验。（R T）

（8）小调查：收集记录自己一周得到的小红花数量以及班级任意四位同学一周得到的小红花数量。（H）

（9）探究活动：根据所给表格对学生课前收集的信息进行整理。（H O）

（10）互动交流：小组内比较各自整理的方法，班级内选出合适的方法。（E1 R E2）

（11）观察统计表，认识各部分名称。（W）

（12）小练习：将统计表填写完整并根据统计表回答相关问题。（R E2 T）

（13）复习：根据所给信息填写统计表。（W T）

（14）观察比较统计表和统计图的相同点。（W E1 O）

（15）观察交流：认识条形统计图，知道条形统计图的基本特征。（W）

（16）小练习1：将自己一周得到的小红花数量在条形统计图中表示出来并交流反馈。（R E2 T）

（17）小练习2：根据条形统计图回答问题。（R E2 T）

（18）复习：回顾条形统计图相关知识并回答问题。（W R T）

（19）小练习：将条形统计图补充完整；根据条形统计图回答问题；根据条形统计图填写统计表；在练习过程中发现一格表示1和一格表示2的条形统计图的不同点。（R H T）

（20）动手操作：根据所给信息画一画条形统计图。（E1）

（21）互动交流：观察同学所画的条形统计图，发现并纠正错误，注意一格表示几，以及数据中存在半格的画法等。（R E2 T）

（22）小练习：根据收集到的小红花信息，画一画条形统计图；根据所画的条形统计图提出问题并解决问题。（R T）

统计表初步第一课时	（1）（2）（3）（4）（5）（6）（7）（8）
统计表初步第二课时	（9）（10）（11）
条形统计图（一）第一课时	（12）（13）（14）（15）（16）（17）
条形统计图（一）第二课时	（18）（19）
条形统计图（一）第三课时	（20）（21）（22）

三、逆向教学设计的启示

1. 逆向教学能更好地做到学以致用

小学数学学科知识绝大多数都源于生活、服务于生活。过去，我们的教学偏向于"学到了什么知识"，而逆向教学设计则是深入探究"学到的知识能用来做什么"，是从知识的用途入手，提升学生的学习能力，发展数学核心素养。

在设计"统计"单元时，课堂中呈现的学习素材都来源于学生的生活，如"班级同学最喜爱的水果情况""一周得到的小红花数量统计"等，要解决这些问题，学生需要调查、记录、整理数据，学生在课堂中学会了对这些数据的处理方法，又运用这些方法去解决生活中的一些实际问题，经历了从生活中发现问题，到课堂中学习解决问题的方法，最后再回到生活中解决问题的过程，真正做到了学以致用。

2. 逆向教学能更好地实现以学生为本

学生是教学的主体，逆向教学使教师能够更好地站在学生的角度去思考问题，真正做到以学生为本的教学。比如在"统计"这一单元的逆向教学中，设计"班级同学最喜欢吃的水果"情况统计这一教学环节，就是贴近学生的实际生活。学生在课堂中以小组为单位开展调查，并用自己的方式记录数据。在互动交流时，给予每组成员充分表达的机会。在学生交流结束后，再观察比较小组间不同的记录方法，并找出了最为简洁的记录数据的方法。在此过程中，教师不再是绝对的主导地位，更多的是引导、鼓励学生积极思考和反思，而学生们则是在相互质疑、相互释疑、相互补充的过程中，充分理解了用"正"字记录数据的方法。

以学生的学习为主、教师的引导为辅的逆向教学更加重视学生理解的过程，真正做到了学生学习方式的变革，让学生不再是盲目地"做"、盲目地"学"，而是"做思结合"，培养了自主学习的能力。

3. 逆向教学能更好地落实教评一体

传统的教学是"先教后评"，而逆向教学则是以评定学，让评价成为学生学习的风向标，进而实现学生学习方式的转型。我们对学生学习的评价不再仅仅局限于"对不对"上，比如评价证据中的"表现性任务"，学生记录数据的方式是多种多样的，部分学生在生活中也已经接触或认识了记录数据的方法，因此，我们在这里的评价方式不仅要让学生介绍生活中收集数据的具体方法，还要说出这样记录的好处，以此来了解学生掌握的程度，更好地实现学习目标。另外，在"记一记""理一理""画一画"的过程中，我们也能了解到不同学生对知识的掌握情况，从而更加有针对性地落实评价。当然，除了"表现性任务"外，课堂上的一些小练习、课后的综合实践活动等在帮助学生巩固和运用知识的同时，能很好地反映出不同学生知识的薄弱点在哪里，教师也可以及时调整教学和评价标准，更好地做到以评促学。

除了教师的评价外，学生的自评、互评也是非常重要的，比如在记录数据的方法选择上，让学生说一说这种方法好在哪里、小组之间互评画的条形统计图有什么优缺点等。学生在对自我探究与他人探究方法的比较过程中，取长补短，获取了更有价值的知识。

参考文献

格兰特·威斯金，杰伊·麦克泰格. 追求理解的教学设计［M］. 闫寒冰，宋雪莲，赖平，译. 上海：华东师范大学出版社，2017.

中华人民共和国教育部. 义务教育数学课程标准［S］. 北京：北京师范大学出版社，2022.

中华人民共和国教育部. 普通高中数学课程标准（2020年修订）［S］. 北京：北京师范大学出版社，2021.

赵希韬. 逆向教学：促进学生"逆向学习"的设计研发［J］. 课程教材教法，2021（4）.

朱桂梅. 指向学力提升的小学数学逆向教学设计［J］. 教学与管理，2021（1）.

小学数学逆向教学设计

——以三年级第二学期"几何小实践"单元为例

严贞珍

美国教育学家格兰特·威金斯和杰伊·麦克泰格合著的《追求理解的教学设计》为我们打开了理解教学的一扇新世界大门,使我们可以采用一种新的教学设计去达到有些传统教学设计所不能企及的方面,对学生的核心素养培育有着重大作用。

一、传统教学和逆向教学的区别

逆向教学设计即"从终点——想要的结果(目标或标准)开始,根据标准所要求的学习证据(或表现)和用以协助学生学习的教学活动形成教学"。它是教学程序的逆向、教学流程的再造,但也是正向实施的。

在传统教学设计时,我们对目标的设立通常会浮于浅层的关于知识的理解、掌握、应用,是较为抽象的。而逆向设计的目标设立则是需结合学科核心素养,依据课程目标,注重学习成果的呈现,较为具体。

传统教学的评估通常会在教学设计的最后,是在学习活动之后对目标达成的一个评估,易出现为了评估而评估,有时也会显得较为笼统。逆向设计的评估设计则在目标之后,以学习成果为导向,一一列出证据,较为详细,也为后续的学习活动设计提供依据。

简言之,传统教学就是教什么学什么,更多的考虑是教会学生什么,为了教会学生而设计教学活动,最后进行检测与评估。而逆向设计则是学什么教什么,注重的是学生需要学会什么,应该怎样做才能显现其学习成果,最终达到理解的目的。

二、逆向教学设计案例

逆向教学设计是以单元为单位进行的教学设计,本文以沪教版小学数学三年级第二学期第六单元"几何小实践"为例，尝试进行逆向教学设计。

阶段一：确定预期学习结果

逆向设计是以目标为导向的，在此阶段我们需明确学生应该知道、理解、掌握的知识与能力，其设计包含预期的学习目标和预期的学习结果。

1. 预期的学习目标

（1）理解周长的意义。

依据的学科核心素养：会用数学的眼光观察现实世界，能够抽象出数学的研究对象及其属性，形成概念、关系和结构。数学眼光主要表现为抽象能力，通过对现实世界中数量关系与空间形式的抽象，得到数学的研究对象，形成数学概念、性质、法则和方法的能力。

依据的数学课程目标：结合实例认识周长。

（2）能通过测量图形各边的长度求多边形的周长。

依据的学科核心素养：会用数学的思维思考现实世界，能够根据已知事实或原理，合乎逻辑地推出结论，构建数学的逻辑体系；能够运用符号运算、形式推理等数学方法，分析、解决数学问题和实际问题。数学思维主要表现为推理意识，能够通过简单的归纳或类比，猜想或发现一些初步的结论。

依据的数学课程目标：掌握平面图形的周长测量过程。

（3）探索并理解长方形、正方形的周长计算方法，会计算长方形、正方形的周长。

依据的学科核心素养：会用数学的语言表达现实世界，能够在现实生活与其他学科中构建普适的数学模型，表达和解决问题。数学语言主要表现为模型意识，是对数学模型普适性的初步感悟。

依据的数学课程目标：探索长方形周长的计算方法。

（4）通过动手操作，探究"周长相等的图形，面积不一定相等"。

依据的学科核心素养：会用数学的眼光观察现实世界，能够通过数学的眼光，从现实世界的客观现象中发现数量关系与空间形式，提出有意义的数学问题。数学眼光主要表现为创新意识，能够在实际情境中发现和提出有意义的数学问题，进行数学探究。

依据的数学课程目标：尝试从日常生活中发现和提出数学问题，探索分析和解决问题的方法。

2. 预期的学习结果

（1）预期的迁移。

迁移就是把学到的东西运用到新的情境中，它可以是知识和技能的迁移，也可以是原理、思想、情感、态度、定律等的迁移。

① 学生能在生活中找到物体表面的周长。

② 学生能将求平面图形的周长运用到求生活中生活工具、用品等物体、场地表面的周长。

（2）预期的理解。

理解的对象是大概念，大概念有助于知识和技能的迁移。它可以将各个知识点联系起来进行知识整合，也是教学设计的核心。本单元的大概念是：周长、图形（长方形、正方形）、测量、面积。

"理解"是复杂的，《追求理解的教学设计》将"理解"分为六个层面，包括：①能解释：通过归纳或推理，系统合理地解释现象、事实和数据，洞察事物间的联系并提供例证。②能阐明：叙述有深度的故事，提供合适的转化，从历史角度或个人角度揭示观点和事件的含义，通过图片、趣闻、类比和模型等方式达到理解的目的。③能应用：在各种不同的真实情境中有效地使用和调整学到的知识。④能洞察：批判性地看待、聆听观点。⑤能神入：能从他人认为古怪的、奇特的或难以置信的事物中发现价值，在先前直接经验的基础上进行敏锐的感知。⑥能自知：显示元认知意识，察觉诸如个人风格、偏见、心理投射和思维习惯等促成或阻碍理解的因素，意识到不理解的内容，反思学习和经验的意义。

鉴于此，本单元的理解事项是：①理解周长的意义（能解释）；②理解求图形的周长就是求图形各边的长度之和（能阐明）；③理解长方形、正方形的周长计算方法（能应用）；④理解周长相等的图形，面积不一定相等（能洞察）。

（3）基本问题。

基本问题由预期的理解转换而来，它的提出是为了引导学生思考、理解大概念。

① 什么是周长？

② 为什么要理解周长？

③ 学过哪些图形？

④ 怎么求图形的周长？

⑤ 长方形、正方形的周长计算方法有哪些？

⑥ 为什么周长相等的图形面积不一定相等？

（4）获得的知识、技能。

学生将会知道：①周长的意义；②简单平面图形的周长计算方法；③长方形、正方形的周长计算方法；④理解周长相等的图形，面积不一定相等。

学生将能够：①描述生活中物体表面的周长；②运用测量的方法求出简单图形的周长；③通过比较，优化长方形、正方形的周长计算方法；④运用长方形、正方形的周长计算方法计算出对应图形的周长。

阶段二：确定合适的评估证据

为了表明学生已经达到了预期结果，我们需要先寻求能够被看作成功学习的证据，也就是能够针对"阶段一"的预期结果进行相应的评估，做到有效、可靠、充分。

1. 表现性任务

（1）交流——知道小丁丁跑的是篮球场的周长，能说出篮球场一周的长度是篮球场的周长。

（2）口头报告——知道学过哪些图形，什么是平面图形的周长，能找到并说出物体表面的周长。

（3）动手操作——找到平面图形的周长，能测量出长方形、正方形的各边长度并求出周长；能选择合适的工具拼出指定的长方形、正方形；能搭出周长相同、大小不等的长方形。

（4）实践操作——能找出物体表面的周长并测量计算，能通过平移把不规则形状的图形变成长方形、正方形来计算周长，能解决生活中与周长相关的问题。

（5）小练习——能判断平面图形的周长。

（6）小测试——能通过求图形各边的长度之和来计算平面图形的周长，能测量并计算出长方形、正方形的周长。

（7）作业——能正确完成求周长的巩固性和拓展性练习。

2. 自我评价和互评

（1）能自评对周长的定义及长方形、正方形周长计算方法的掌握程度。

（2）能自评、互评实践操作的表现。

3. 其他证据

（1）能解释周长的定义，能知道什么是现实生活中物体表面的周长。

（2）能够对比优化长方形、正方形的计算方法。

（3）能理解周长相等的图形面积不一定相等。

阶段三：设计学生的学习活动

有效的学习活动和教学能促进学生对于知识的理解、技能的提高，激发学生学习的兴趣。可以使用WHERETO的元素进行分析：

W——Where/Why，了解单元学习的目标以及原因。

H——Hook/Hold，吸引学生的注意力并保持兴趣。

E1——Experience/Explore，通过体验来探索学习任务。

R——Reflect/Rethink/Revise，反思和修改。

E2——Evaluate，评价学习情况。

T——Tailored，根据学生具体情况差异制订学习计划。

O——Organized，最大化学生参与度和课堂有效性的学习组织方式。

本单元的学习活动顺序如下：

（1）观看小胖、小巧、小丁丁跑篮球场一周的情况，判断谁跑的是篮球场的一周，对比完善一周的概念，知道篮球场的一周就是篮球场的周长。（W H）

（2）互动交流：指一指、说一说什么是物体表面的周长，在生活情境中理解周长的概念。（W E1）

（3）描各种平面图形的边线，说说这些是什么图形，它们的周长是什么？巩固平面图形周长的概念。（H E1）

（4）判断红线的长度是否为平面图形的周长，在辨析中加深感悟周长的含义。（R E2）

（5）创设情境给菜园围篱笆，尝试计算篱笆的总长度，也就是菜园的周长，感悟周长的作用。（W E1）

（6）练习：借助工具测量并计算平面图形（三角形、四边形、圆形）的周长。（R E2）

（7）亲子活动：与家长一起量一量家里生活物品表面的周长，完成表格。（E1）

（8）动手操作：出示小棒、正方形纸片，选择合适的工具，根据要求摆长方形、正方形；说说什么是长方形、正方形的周长；知道长方形、正方形的周长，并感悟周长的计算方法。（E1 O）

（9）尝试：计算长方形的周长。（E2）

（10）互动交流：对比长方形周长几种计算方法，说说哪种更简便；优化长方形的计算方法。（R T）

（11）小练习：计算正方形的周长。（E2）

（12）互动交流：对比正方形周长几种计算方法，说说哪种更简便；优化正方形的计算方法。（R T）

（13）小练习：测量并计算长方形、正方形的周长。（E2）

（14）动手操作：计算不规则图形的周长。利用工具理解有些不规则图形可平移成长方形、正方形来计算周长。（E1 T）

（15）探究活动：用12根小棒搭不同的图形，并计算所搭图形的面积。学生根据能力可自由选择独立完成或小组合作。（E1 T）

以上系列活动共5课时。具体安排是：第一课时活动（1）—（4），第二课时活动（5）—（7），第三课时活动（8）—（10），第四课时活动（11）—（14），第五课时活动（15）。

三、逆向教学设计的反思

1. 以学生为主体，核心素养落地生花

传统教学设计的目标是基于学生的学情和教材分析，而逆向教学设计的目标在此基础上则更关注学科素养和课程标准。这就要求教师在设立目标时需要考虑相对应的学科素养和课程标准，有助于目标的准确设立。在教学设计的整个过程中，要时刻关注学生需要学会什么，把目光聚焦到学生的能力获取上，达到预期的迁移，从而使核心素养落地生花。在此过程中，学生的积极性提高，成为真正的学习主体。

学生的知识水平是一个不断完善、螺旋上升的过程，他们在不同的年龄阶段对同一知识的理解与认识的深度也是不同的。在小学阶段，很多知识都是呈碎片化状态，出现在不同学段的教材中，因此，借助大概念将各个知识点联系起来，可以将碎片化的知识融合、贯通，进行迁移。本案例将学生学过的图形、测量、面积等内容与周长结合起来，有助于学生感悟、内化，提升学生的核心素养。

2. 以评价为依据，学习结果真实可见

逆向教学设计需要教师站在评估员的角度去思考什么样的证据表明学生已经达到预期的目标和学习结果。因此需要去细分评估证据，有时一个证据并不能代表学生的学习结果，需要多方参与。本案例中既有口头报告方面的（如知道学过哪些图形，什么是平面图形的周长，能找到并说出物体表面的周长等），也有动手操作方面的（如找到平面图形的周长，能测量出长方形、正方形的各边长度并求出周长，能选择合适的工具拼出指定的长方形、正方形，能搭出周长相同、大小不等的长方形等），还有更高层次的实践操作方面的（如能找出物体表面的周长并测量计算，能通过平移把不规则形状的图形变成长方形、正方形来计算周长，能解决生活中与周长相关的问题等）。可以想见，一旦学生能够对应上相应的评估证据，就表示他已经达到了目标，其学习结果真实可见。

3. 以问题为导向，活动设计合理有效

逆向教学设计在设计活动时需要紧扣问题，思考什么问题需要设计什么样的活动来落实，达到预期结果。而问题又是由预期的理解转化而成，它充分考虑到学生的认知水平、心理水平以及道德认知水平。因此以问题为导向来设计活动，合理且有效。比如说设计问题"为什么要理解周长"的活动，在传统教学设计中，这个问题常常会被忽略，学生在学会周长这一概念和计算方法后也不明白学的意义在哪里。而逆向教学设计就让你去思考知识背后的本质，懂得真正需要学生去理解的是什么，学生的能力是什么，做到为理解而教，整个活动设计也就更合理且有效。

参考文献

格兰特·威金斯，杰伊·麦克泰格.追求理解的教学设计［M］.闫寒冰，宋雪莲，赖平，译.上海：华东师范大学出版社，2017.

中华人民共和国教育部.普通高中数学课程标准（2020年修订）［S］.北京：北京师范大学出版社，2021.

中华人民共和国教育部.义务教育数学课程标准（2022年版）［S］.北京：北京师范大学出版社，2022.

小学二年级"几何小实践"单元逆向教学设计

于金美

小学数学课程作为培养公民素质的基础课程之一,不仅要使学生掌握必备的基础知识和基本技能,还要关注学生基本思想、基本活动经验以及能力、情感与价值观;不仅要面向全体学生,还要适应学生个性发展需要,实现"人人都能获得良好的数学教育,不同的人在数学上得到不同发展",其目的就是促进学生数学学科核心素养的形成与发展。

传统教学通常是先根据课标、教材和教学经验确定课堂教学目标,再依据教学目标设计一系列的教学环节和学习活动,最后通过练习或检测对学生学习的结果进行评价。教师更多的是从自己的角度去思考教学活动,以完成教学进度为目的。至于学生究竟学得怎样,他们是否真正理解所要学习的知识,教师往往只能在后续的学习或测评中才能发现问题,进而反思改进,但这样的方式有些"亡羊补牢"的味道。

如何通过教学设计,使更多的学生真正理解他们所要学习的知识?这就需要我们在教学设计的时候以学生为主体,站在学生的立场上思考教学。美国教育评估专家格兰特·威金斯和杰伊·麦克泰格撰写的《追求理解的教学设计》一书,就提出了一种能使学习历程结束后学生真正拥有能力的教学模式——逆向教学设计。

一、逆向教学设计的内涵

格兰特·威金斯和杰伊·麦克泰格提出的逆向教学设计分为三个阶段:阶段一——确定预期结果(学生具体要学会什么问题);阶段二——确定合适的评估证据(哪些证据能证明学生已经掌握);阶段三——设计学习体验和教学(整合现有教材的学习内容和相关教学资源,设计出多样的学习活动或教学活动以满足不同学生的学习需求)。

逆向设计模式是以"理解"为基础，学生所表现出来的真正理解有六个层面，称为理解六侧面：①能解释：通过归纳或推理，系统合理地解释现象、事实和数据，洞察事物间的联系并提供证据。②能阐明：诠释、解说和转述有意义的故事，对概念或事件能客观地揭示其意义。③能应用：在各种不同的情境中有效使用和调整我们学到的知识。④能洞察：批判性、富有洞见的观点。⑤能神入：体悟他人情感和世界观的能力。⑥能自知：知道自己无知的智慧，知道自己的思维模式与行为方式是如何促进或妨碍了认知。

"为理解而教"，教师是"培养学生用表现展示理解的能力的指导者，而不是将自己的理解告知学生的讲述者"。

二、基于理解的逆向教学设计案例

受此启发，本文以沪少版小学数学二年级第一学期第五单元"几何小实践"为例，尝试使用基于理解的逆向设计模板进行探索实践，以便更好地促进学生数学学科素养的发展。

阶段一：确定预期结果

这个阶段需要先思考单元教学目标，然后由目标确定具体的学习结果，包括预期的理解、迁移、需要思考的基本问题和学生将要获得的知识和技能。

1. 确定单元学习目标

"几何小实践"是小学数学"图形与几何"模块中"图形的认识"的内容，本单元的"几何小实践"由"角与直角""正方体、长方体的初步认识""长方形、正方形的初步认识"这几个教学内容构成。

根据《义务教育数学课程标准》（2022年版）中数学学科核心素养在这个学段的具体目标，我们将本单元教学目标确定如下：

（1）结合生活情景及操作活动，初步接触生活中的角与直角，知道角的各部分名称，能判别角与直角。

（2）初步认识正方体、长方体。认识正方体、长方体的面、棱、顶点；通过搭正方体和长方体模型的活动，了解正方体和长方体的相同点和不同点，知道正方体是特殊的长方体。

（3）初步认识长方形、正方形。知道长方形对边相等，正方形四边相等。知道长方形、正方形的四个角都是直角，知道正方体是特殊的长方体。

（4）会在方格纸上画出给定边长的长方形和正方形。

依据的数学核心素养是：

（1）空间观念，能够根据物体特征抽象出几何图形，根据几何图形想象所描述的实际物体。

（2）几何直观，能够感知几种几何图形及其组成元素，依据图形的特征进行分类。

（3）推理意识，能够通过简单的归纳或类比，猜想或发现一些初步的结论。

2. 预期的学习结果

（1）预期的迁移。

迁移就是将学到的知识技能、原理定律或形成的观念、思想等应用到新的情境中。

① 学生能用角和直角的特征判断生活中的角。

② 学生能将研究角的方法迁移到对长方形和正方形的研究中。

③ 学生能运用长方体与正方体、长方形与正方形的特征判断和辨别生活中物体的形状。

（2）预期的理解。

理解的对象是大概念，本单元的大概念是：图形（角和直角、长方体和正方体、长方形和正方形）、图形与图形的关系（长方体和正方体的相同点和不同点、长方形和正方形的相同点和不同点）。

① 学生将会理解角、直角的特征。

② 学生将会理解长方体、正方体的面、棱、顶点的特征。

③ 学生将会理解长方形、正方形的边和角的特征。

④ 学生将会理解长方体和正方体、长方形和正方形相互之间的关系。

（3）要思考的基本问题。

① 角和直角有什么特征？

② 长方体和正方体的面、棱、顶点分别有哪些特征？
③ 长方体和正方体之间有哪些相同点和不同点？
④ 长方形和正方形的边和角有哪些特征？
⑤ 长方形和正方形之间有哪些相同点和不同点？
⑥ 长方体和正方体、长方形和正方形相互之间的关系是什么？
⑦ 如何在方格纸上画出给定边长的长方形或正方形？

（4）需要掌握的知识与技能。

学生将会知道：①角、直角的特征，角的各部分名称；②长方体、正方体各部分的名称以及面、棱、顶点的特征；③长方形、正方形的边和角的特征；④长方体和正方体、长方形和正方形相互之间的关系。

学生将能够：①动手折直角，并用直角去判别所给的角是否是直角；②根据长方体、正方体的特征动手搭建长方体、正方体模型；③根据长方形、正方形的特征动手折叠或画出长方形、正方形。

阶段二：确定合适的评估证据

为证明学生是否达到了预期的结果，我们需要收集各类评估证据。基于单元整体，明确如下评估：

1. 表现性任务

（1）数学判断——会辨别角与直角；能判断生活一些物体的形状或表面是长方体、正方体，还是长方形、正方形。

（2）数学表达——能说出角、直角的特征；能熟练说出长方体与正方体、长方形与正方形的图形特征，能比较长方体与正方体、长方形与正方形的异同。

（3）动手操作——能够动手折出直角；能用"直角量具"判断直角；能动手拼搭正方体和长方体模型，会有序地数出正方体和长方体的面、棱、顶点的数量；能用纸折出正方形、长方形。

（4）实践操作——能在方格纸上画出给定边长的正方形和长方形。

（5）生活应用——能够在实际场景中对角和直角、长方体与正方体、长方形与正方形进行辨析。

2. 检测性证据

（1）随堂小练习——能对角和直角、正方体和长方体、正方形和长方形进行分类与辨析。

（2）课时配套作业——完成本单元关于内容理解的巩固性和拓展性作业。

（3）单元小测试——能正确填写角的各部分名称，能判别角与直角；能正确填写正方体、长方体的面、棱、顶点，知道正方体是特殊的长方体；能正确数出组合图形中小正方体的个数；能正确填写长方形、正方形的边和角的特征，知道正方形是特殊的长方形；会测量在方格纸上画出的给定边长的长方形和正方形；能分辨实物的形状是长方体还是正方体，物体表面的形状是长方形还是正方形。

3. 自我评价与反馈

（1）自评学习兴趣和习惯，主要从课堂表现（认真倾听、思想专注、积极发言）、学习方式（积极、愉快地参与数学讨论、探索、合作、操作）、情感（克服数学活动中遇到的困难）和反思态度（主动反思）四个方面进行评价。

（2）自评学业成果，主要考察学生对角与直角、长方体与正方体、长方形与正方形特征的掌握程度，同伴互评。

4. 其他证据

（1）能了解现实生活中角、直角的运用；能根据长方体与正方体、长方形与正方形的特征，分辨特殊的长方体和长方形。

（2）能用思维导图完成知识点的梳理。

阶段三：设计学习体验和教学

有了清晰明确的学习结果和关于理解的合适证据后，接着就需要全面考虑最合适的学习和教学活动了。设计时，要围绕学习结果和评估证据制订教学计划的细节——包括教学方法、教学顺序以及资源材料的选择。

本阶段学习和教学活动以 WHERETO 元素中相应的字母为活动编码，编码含义如下：

W——了解单元学习的方向（where）和学习结果（what）。

H——吸引（hook）学生的注意和保持（hold）学生兴趣。

E1——体验（experience）学习过程和探索学习任务。

R——反思（rethink）和修改（revise）学习。

E2——评价（evaluate）学习表现和学习内容。

T——根据学生水平和个体差异定制（tailored）学习活动。

O——组织（organized）教学，使其最大限度提升学生学习动机与持续参与的热情，提升学习效果。

本单元的学习活动顺序如下：

（1）从熟悉的词语和图形出发，感受"牛角""羊角"与"三角形"中的"角"的区别。（H）

（2）从观察实物中抽象出角，阅读课本，交流并归纳角的特征。（W）

（3）动手操作折出直角，知道直角是特殊的角。（E1）

（4）能找出生活中的角，并用自制的直角量具判断哪些是直角。（E1 O）

（5）将搜集的生活中的物品按形状进行分类，并说说分类的依据，例如长方体、正方体、圆柱体等。（E2）

（6）在触摸长方体、正方体学具中认识面、棱和顶点，并数出各部分的数量。（W）

（7）观察、比较、交流、发现长方体和正方体的异同，知道正方体是特殊的长方体。（W O）

（8）用小球和小棒拼搭长方体和正方体，完成由实物表象到模型表象的过渡，再分类观察，知道小棒的长短确定长方体的大小，拼搭长方体、正方体都要用到8个小球（顶点）、12根小棒（棱），并且拼搭的正方体用的小棒长度都相等，拼搭的长方体用的小棒长度不都相等。（E1 O）

（9）用纸做正方体、长方体模型，通过观察发现正方体的六个面都相等，长方体相对的面相等。（E1）

（10）从"用纸做的正方体、长方体的模型"上"剪下一块表面"，引入对正方形、长方形的认识。（H）

（11）在数一数、量一量长方形和正方形的活动中，探究发现长方形与正方形

边、角的特征。（E1O）

（12）通过分类，比较长方形和正方形的异同，知道正方形是特殊的长方形。（W）

（13）动手测量给定的长方形和正方形，在方格纸上画出给定边长的长方形和正方形。（E1）

（14）用纸折出长方形，并将长方形的纸进一步折成正方形。（E1）

（15）通过小测试，互评对角和直角、长方体和正方体、长方形和正方形的掌握情况。（RT）

（16）在欣赏微视频的过程中，说一说看到的物体以及物体表面的形状。（E2O）

（17）制作单元知识思维导图，了解自己对本单元知识的理解和掌握程度。（E2）

三、逆向教学设计的探索与思考

逆向教学设计提倡"以终为始"，关注学习的本质——学生学会了什么，重视学生在学习活动中的主体地位。教师应以单元为整体，从学生的角度思考要达到什么样的学习结果，将通过哪些评估证据证明学习效果，具体设计哪些教学和学习活动。

在本教学设计中，所有的学习结果都有相对应的评价证据来衡量，而为了达到预期的结果，所设计的学习活动始终是以学习目标和评估证据为参照。例如，学生是否理解了角和直角的特征，评估的证据是多元的，如学生在课上是否能够参与探究，并说出角和直角的特征；在课后是否能正确完成随堂小练和单元测试中匹配的填空和选择练习。最重要的是学生是否能够运用角和直角的特征判断生活中的角，以及用所折叠的直角去验证哪些是直角。我们设计的学习活动就是从学生熟悉的生活情景出发，从观察实物中抽象出所学的角与直角，让学生经历实践操作、观察比较、概括归纳一系列活动，从而提炼出角和直角的特征，最终回归生活进行运用，促进学生的深度理解。

学生的学习不仅仅是围绕知识与技能，我们还需要关注他们数学能力的提升和学习方法的掌握，让其在今后的学习和生活中能够应用。动手操作和观察比较在几何图形学习中有着重要的意义，因此，在设计学习活动时，我们突出操作性探究活动，使学生亲历"做数学"的过程，深化理解图形的特征。例如，在学习"角与直角"的过程中，引导学生在研究图形特征时从"角"和"边"去观察比较，有了这一过程，他们在探究长方形和正方形图形特征时，就能将之前的学习方法迁移并运用。这样的学习体验，关注了学生能力的发展，使他们形成了良好的迁移能力，为后续图形的学习打下了扎实基础。

参考文献

格兰特·威金斯，杰伊·麦克泰格. 追求理解的教学设计［M］. 闫寒冰，宋雪莲，赖平，译. 上海：华东师范大学出版社，2017.

中华人民共和国教育部. 义务教育数学课程标准（2022年版）［S］. 北京：北京师范大学出版社，2022.

小学英语"1AM4U3 In the park"逆向教学设计

金雨相

一、传统教学设计和逆向教学设计的区别

传统教学设计有几个特点：一是目标的模糊性；二是主体的错位感；三是只注重活动，缺乏深刻思考；四是"灌输式学习"，走马观花，没有总括性目标来引导；五是在学生完成整个学习任务的过程中，没有突出强调清晰的目的和明确的表现性目标；六是学生无法及时做出令人满意的反馈等。

逆向设计提倡评价设计优先于教学活动，它强调以学习目标为起点，以目标预设的评价方式与标准为基础，继而设计相应的教学活动。在英语教学中，逆向设计作为一种新的教学理念，改变了原有的教学思路，将"教学目标"转变为"学习目标"，将"活动优先"转变为"评价优先"，将"教教材"转变为"用教材教"，为学生英语自主学习能力的培养开辟了一条有效的新途径。基于逆向设计的小学英语教学可以解决目前英语课时安排零碎、知识理解浮于表面和单元之间的离散问题。它倡导单元整体教学的概念，围绕核心知识，在活动中构建学科关键能力，实现大单元整体教学目标与单课时的深度融合，增强学生学习的自我效能感。

二、小学英语"1AM4U3 In the park"的逆向教学设计

本单元主要围绕孩子们在公园里感受多彩事物这一核心场景展开。对单元不同板块内容进行统整发现，可以按照Nolly和妈妈在白天的公园里就不同植物的颜色进行问答（前）、在晚上的公园里就不同动物的颜色和叫声进行问答（中）、感受公园的美丽多彩（后）的连贯话题展开教学。由此采用逆向教学设计对这一单元进行整体规划。

阶段一：确定预期的学习成果

1. 单元整体学习目标

（1）学生能正确理解并运用核心单词 red、blue、yellow、green；能感知、理解颜色类单词 orange、brown，并尝试运用。

依据英语学科的核心素养：语言能力——学生能借助图片说出颜色，乐于感知并积极使用英语。

依据《义务教育英语课程标准》（2022年版）的课程目标：能够理解、领悟核心单词的基本含义；能就日常生活常见事物简单交流。

（2）学生能正确理解并运用核心句型 What is it? It's a ... What colour is ...? It's ... 对事物的名称和颜色进行问答。

依据英语学科的核心素养：思维品质——学生能分辨不同的问句并做出相应的回答，创造性地表达自己的喜好。

依据《义务教育英语课程标准》（2022年版）的课程目标：能辨析问答句的不同，创造性地表达自己的观点，提高创新思维的能力。

（3）学生能感知、听懂句型 It goes ... 并尝试仿说。

依据英语学科的核心素养：文化意识——学生能理解动物叫声的中英表达差异，初步形成观察、感受外界事物的意识。

依据《义务教育英语课程标准》（2022年版）的课程目标：获得文化知识，理解文化内涵，具备一定的跨文化沟通能力。

（4）学生能听懂并尝试用 Colour the ... 进行表达。

依据英语学科的核心素养：学习能力——学生能根据指令获取颜色信息并按照要求给相应事物涂上不同颜色。

依据《义务教育英语课程标准》（2022年版）的课程目标：能保持对英语学习的兴趣，能在语境中通过交流获取信息。

2. 预期学习结果

（1）预期的迁移。

① 学生通过学习，用 It's ... 描述公园中动植物的颜色，并能将其迁移到描述

其他常见物体的颜色。

② 学生通过学习，分别用 What's this/that? 和 What colour is it? 来询问公园事物的名称和颜色，并能将其迁移到在生活中其他场所询问事物的两个信息。

（2）预期的理解。

理解的对象：本单元的大概念是公园、颜色、句型、问答、表达。

我们将"理解"看作一个有别于"知道"的概念。它不是单方面的，而是多方面的，并通过不同类型的证据表现出来。"理解"有如下六个侧面：

侧面1是解释，即能恰如其分地运用理论和图示，有见地、合理地说明事件、行为和观点。当学习者能够将抽象知识转化为合理解释，提供一个有用的框架、逻辑和有力的证据支持自己的观点时，他们就揭示了对事物的理解。从设计的角度看，侧面1要求围绕困惑、问题和难题建立单元，要求学生给出自己的见解和解释，注入在基于问题的学习中。

侧面2是阐明，即演绎、解说和转述，从而提供某种意义。阐明的对象是意义，而不仅仅是貌似合理的解释。阐明通过强有力的故事传递见解，而非抽象的理论。当一个人能有趣地阐明当前或过去的经历且这种阐明意义重大时，说明他达到了这样的理解。

侧面3是应用，即在新的、不同的、现实的情境中有效地应用知识。一个人能够将概念、原理或技能应用于解决新的问题和情境中，说明他充分地掌握了这些内容。理解需要将我们的想法、知识和行动同具体情境相匹配。侧面3涉及的教学和评估需要强调基于绩效的学习——关注并完成更实际的任务，同时辅之以更多的常规测试。

侧面4是洞察，即有批判性的、富有洞见的观点。洞见是将隐性的假设和含义外显化。这类理解体现了一种极具力度的深刻见识，因为通过转换视角及用全新角度审视熟悉的想法，人们能够创建新的理论，构造新的故事，开发新的应用。从批判性思考的角度看，具有洞察力的学生有能力揭示各种似是而非的、未经经验的假设或结论。因此，洞察作为理解的一个侧面，是一种成熟的思考，是具有从不同角度看待事物的能力。

侧面5是神入，是指感受到别人的情感和世界观的能力，即设身处地为别人着想的能力，摆脱个人反应转而去获取别人反应的能力，这也正是口语中所说的"理解"的最普通的意思。这不是单纯地对我们难以控制的事情的一种情感反应和共鸣，而是有意愿地尝试感他人之所感，看他人之所看。洞察是冷酷的，是以旁观者的角度解析事物。神入其实也是洞察的一种形式，只是还需要更多的学习体验。

侧面6是自知，是指知道自己无知的智慧，知道自己的思维模式与行为方式是如何促进或妨碍了认知。在日常生活中，一个人准确自我评估、自我调节的能力反映了他的理解力。

根据理解的六个侧面，结合本单元内容，我们设定了以下理解内容：

① 理解公园里有很多动植物且世间万物皆有颜色。

② 理解询问事物名称和颜色时需要让对方清楚问的是哪个事物。

③ 正确理解句型的意思。

④ 知道自己哪个句型掌握得好。

（3）预期的主要问题。

主要问题由理解转化而来。

① 你在公园里能看见哪些动植物？

② 常见的动物和植物有哪些颜色？

③ 生活中常见的物体是什么颜色？

④ 怎么让对方清楚地知道自己问的是哪个物体？

⑤ 哪些句型能用来询问事物的名称或颜色？

⑥ 本单元句型能用来表达什么意思？

⑦ 本单元句型能够运用到哪些场所中？

⑧ 哪些句型我学会了并掌握得好？

（4）预期获得的知识和技能。

① 语音：能用正确的语调仿说特殊疑问句：What is it? What colour is ...?

② 词汇：能正确理解并运用核心单词 red、blue、yellow、green；能感知、理解颜色类单词 orange、brown，并尝试运用。

③ 语法：能正确运用"What is it？"和"What colour is ...？"询问事物的名称和颜色，并用 It's ... 做出应答；能感知、听懂句型 It goes ... 并尝试仿说；能听懂并尝试用 Colour the ... 进行表达。

阶段二：确定合适的评估证据

我们要思考需要预设哪些评估证据来证明学生已经学会。设置的评估证据要有多元性和可操作性。

1. 表现性任务

（1）Think, say and draw.（想一想，说出可能会出现在公园里的动植物并用一种颜色画下来）

（2）Discuss and read.（能与同学讨颜色类单词的表达并正确认读）

（3）Look and say.（能描述公园中看到的物体颜色）

（4）Think and say.（能描述生活中看到的物体颜色）

（5）Think and sum up in groups.（想一想，能以小组为单位，一起总结句型"What's this？"和"What's that？"的区别）

（6）Look and discuss.（想一想，和同学一起讨论用哪个句型可以在不同场所询问物体的名称或颜色）

（7）Ask and answer.（能根据图片、实物和句型对公园里物体的名称和颜色进行问答）

（8）Choose and say.（能选择生活中的一样物体，对其名称和颜色进行问答）

2. 其他证据

（1）单词认读——能正确认读本单元核心单词 red、blue、yellow、green。

（2）文本朗读——能正确朗读文本内容，语音语调正确，声音响亮，感情充沛。

（3）师生问答——能认真倾听老师的问题并积极思考，踊跃回答。

（4）生生互动——能和伙伴借助图片和语言框架合作完成对话。

3. 学生自评和互评

（1）从三个方面展开自评：一是学习兴趣（积极参加课堂活动）；二是学习习惯（认真听、仔细看和表演生动）；三是熟练程度（句型掌握情况）。

（2）学生在台上表演，其他人就表达是否流利、表演是否生动予以评价。

阶段三：设计学习活动

在确定预期的学习目标和学习成果之后，我们需要设置课堂的学习体验和教学活动。

教学活动以 WHERETO 元素中的字母为活动编码：

W——学生了解所学单元的目标和所需达到的预期效果（Where & What）。

H——提高学生的学习热情，挖掘内在动机（Hook & Hold）。

E1——通过探索和体验，明确迁移任务（Explore, Experience, Equip & Enable）。

R——学会反思、重新考虑和修改（Reflect, Rethink & Revise）。

E2——及时、有效的评价（Evaluate）。

T——满足不同个性需求，制定学习任务（Tailored）。

O——最大化提高课堂有效性和学生参与度（Organized）。

本单元学习活动顺序如下：

（1）复习旧知，引入新知：学生通过交流自己去公园的所见所闻，唤起对公园的记忆。（O）

（2）学生通过公园图片进入公园情境，倾听老师问题，明确学习任务。（W）

（3）学生通过实物理解核心单词 red、blue、yellow、green 的意思，以问答、游戏等形式促进核心单词的认读。（W）

（4）学生用正确的单词和句型描述公园中物体的颜色。（T）

（5）学生模仿老师的发音，在老师的引导下，用正确的语音语调对公园里动植物的名称和颜色进行问答。（R）

（6）两人一组借助实物和核心句型进行问答，其他学生给予评价。（E2）

（7）学生描述家里的物体，对其进行着色并带来学校交流。（E1）

（8）两人一组，选择生活中的一样物品，对其名称和颜色进行问答。（H）

（9）选择生活中的一样物品，学生运用核心句型快速应答，体验适度竞争的乐趣。（O）

（10）根据自己的表现，完成自评。（E2）

活动（1）—（4）为第一课时内容，活动（5）—（10）为第二课时内容。

三、逆向教学设计的思考

从"追求理解"的层面上来比较传统教学设计与逆向教学设计，逆向教学设计显然更具有适用性。如果我们只是一味地追求以内容为导向的教学，只关注自己教的内容，而不关注学生"学"的结果，学生是不大可能真正理解教师教的知识的，即使有少部分理解了，那也是部分学生"撞大运"，而不能说是教师教学上的成功。只有将教师的教、学生的学与学习成效三者紧密关联起来，才能最终实现英语学科核心素养的落地生根。

对于低段学生来说，英语学习的评价可以从学习兴趣、学习习惯和学业成果等多个维度展开，内容可以侧重对学生听和说的反馈，形式可包含口头评价与板贴评价，下面就是本单元所采用的评价。

评价维度	学习兴趣	积极参与课堂活动
	学习习惯	仔细倾听、认真观察、积极举手发音
	学业成果	核心单词与句型的掌握情况，语用任务的达成情况
评价内容	听	录音内容、教师话语、同伴发言
	说	声音响亮、内容达意、情感融入
评价形式	显性	口头、板贴
	隐性	肢体、神态
评价主体	教师	对学生表现展开即时评价
	学生	在教师的引导下对同伴表现予以激励

教学设计理念的转变不可能一蹴而就，需要我们根据实际区域差异、校情、班情、学情进一步深入探究，按照课程标准要求，回归教学主体。教师不仅要学会教，更要遵循学生的思维规律。教师需从学生的认知经验出发，设计学习任务框架，以最优化的方式呈现新知，组织富有情境的教学环节，使学生获得更好的学习

体验和效果。

在逆向设计的教学视角下，教师可尝试将教学活动视作一种探寻学科文化的活动，赋予课堂更多的理念和情趣，在师生之间创设多维对话（与单元对话、与身心对话、与生活对话），融入学科知识体系，实现经验与情感的相互交流，揭示学科教学背后思维品质的内涵，将中国传统文化的时代性、民族性和传承性通过教学因子默化在书本中，促进学生的人格养成、思维建构和自我教育，最终实现学科教育的全面发展。

参考文献

金永红.逆向设计：英语自主学习能力培养的有效途径［J］.江苏教育研究，2020（Z2）.

格兰特·威金斯，杰伊·麦克泰格.追求理解的教学设计［M］.闫寒冰，宋雪莲，赖平，译.上海：华东师范大学出版社，2017.

杨靓.基于"教—学—评一体化"的小学英语逆向教学设计——以译林版英语单元教学为例［J］.中小学课堂教学研究，2020（9）.

小学英语 "3BM1U2 Touching and feeling" 逆向教学设计

俞吉萍

我们对于传统教学的理解是"师者,传道授业解惑也"。但随着社会不断发展,传统教学的弊端开始显现。一节传统的英语课堂需要学生学会词汇、句型、语篇,教师则要将语篇中的文化与情感提炼出来让学生理解,这其实是相当困难的。因此我们急于希望有一种新的教学设计方式,能够改善当前的困境。逆向教学设计的出现让我们看到了改变的可能,也为教师提供了一种新的教学思路。

一、什么是逆向教学设计

逆向教学设计是基于课程标准而不是教材,强调"用教材"而不是"教教材"。美国的教育学家格兰特·威金斯和杰伊·麦克泰格在《追求理解的教学设计》一书中提出了逆向教学设计的概念和方法,建议教师考虑教学设计的优先顺序,从学习目标来倒推,进行"逆向教学设计",即教师先明确学习目标,再进行活动设计和教学设计。

二、逆向教学设计的三个阶段

逆向教学设计分为三个阶段:确定预期的学习结果,确定合适的评估证据,设计学习体验和学习活动。

本文以小学英语(牛津上海版)"3BM1U2 Touching and feeling"为例,尝试采用逆向教学设计模板来对这一单元进行整体教学设计。

阶段一:确定预期的学习结果

1. 预期的单元学习目标

(1)学生能正确理解、认读、拼写并运用核心词汇 pineapple、cake、bread、glass、bag 来描述去超市需要购买的物品;能正确理解并运用核心句型"I touch ... with my hands and fingers. It's ... "描述购买物品时的触感体验;能在语境中正确理解并运用核心句型"How does it feel? How do they feel?"询问物品的触感，并且用"It's ... They're ..."来描述物品的触感。

依据的学科核心素养：思维品质——学生在教室进行触摸体验，做好去超市的购物准备，提升完成购物计划的思维能力。学习能力——学生在触感体验中感受不同物品的不同触感，通过师生、生生间真实的体验活动展开对话讨论，提升伙伴之间的合作意识。语言能力——学生借助老师提供的图片与实物把文本信息结合起来，进行语篇的输出，完成语用任务。

依据的英语课程目标：能够理解、领悟核心词汇及句型的基本含义并运用其描述物品及其触感；能运用核心句型进行对话，语音正确，语调基本达意；乐于感知，积极尝试使用英语并能体会到英语学习的乐趣。

（2）学生能够正确运用祈使句"Touch ..."对触摸的物品进行认定，并体会各种物品带来的不同触觉感受；了解字母组合 sh 在单词或儿歌中的发音，并会正确朗读。

依据的学科核心素养：文化品格——学生主要学习表达物品触摸体验的指示，在感受不同物品触感带来的美好时也懂得触摸时要遵照指令，明确要触摸的物品，有针对性地开展活动。

依据的英语课程目标：能了解含 sh 的英语单词的发音，能读懂简短的要求和指令，能在词语和相应的触感之间建立联系，能积极运用语言进行表达和交流。

2. 预期的学习结果

（1）预期的迁移。

① 能够通过触摸体验，感受不同物品的触感并进行描述。

② 能感受不同物品触感带来的美好，以及懂得触摸时要遵照指令，明确要触摸的物品，有针对性地开展活动。

（2）预期的理解。

理解对象是单元大概念。本单元的大概念是语音、词汇、句型、触感。

① 理解字母组合 sh 在单词以及儿歌中的发音规律。

② 理解核心词汇在触感体验中的应用。

③ 理解核心句型在触感体验中的问答和描述。

④ 理解日常生活中的不同触感，感受物品的美好。

（3）需要思考的主要问题。

问题由预期的理解转化而来。

① 如何在单词以及儿歌中了解字母组合 sh 的发音规律？

② 如何在触感体验中应用核心词汇？

③ 如何在触感体验中应用和理解核心句型？

④ 如何感受日常生活中的不同触感以及其带来的美好？

（4）将要获得的知识。

语音：能知晓字母组合 sh 的发音规律并能正确朗读。

词汇：能正确拼读、理解并运用本单元核心词汇 pineapple、cake、bread、glass、bag 来表达物品名称。

语法：能正确理解和运用本单元核心句型 "How does it feel? It's ..." 及 "How do they feel? They're ..." 进行物品触感的问答，能在语境中运用句型 "I touch ... with my hands and fingers. It's ..." 正确描述物品的触感。

功能：能正确运用祈使句 "Touch ..." 对触摸物品进行认定。

话题：能熟练运用核心词句与同伴进行触感体验，体会触感、感觉带来的不同感受及对日常生活的重要影响。

（5）将要获得的技能。

听：通过语音能正确识别本单元的核心词汇 pineapple、cake、bread、glass、bag；能听懂询问物品触感的疑问句 "How does it feel? How do they feel?"，并能运用 "It's ..." "They're ..." 表述物品触感的回答；能听懂描述物品触感的句型 "I touch ... with my hands and fingers. It's ..."；通过听能辨别字母组合 sh 在单词及儿歌中的发音。

说：能准确地识读本单元的核心词汇 pineapple、cake、bread、glass、bag；能用本单元的核心句型 "How does it feel? How do they feel?" 询问物品触感，并能运用

"It's ..." "They're ..." 表述物品的触感；能运用句型"I touch ... with my hands and fingers. It's ..."正确描述物品的触感；能就字母组合 sh 在单词及儿歌中的语音进行正确发音。

读：能正确朗读本单元的核心词汇和句型，能较准确、流畅地朗读教材中的对话及再构文本。

写：能正确拼写本单元的核心词汇、核心句型，能较准确运用本单元的核心词汇和核心句型描述不同物品的触感。

阶段二：确定合适的评估证据

这个阶段我们首先需要思考的是如何判断学生是否已经达到了预期结果，可以通过哪些证据来证明学生的理解和掌握程度。逆向设计要求我们通过收集的评估证据，思考单元的整体设计，以此提高学生学业成就。

1. 表现性任务

（1）创编 rhyme——根据所给图片或实物，进行触摸，描述购买物品时的触感。

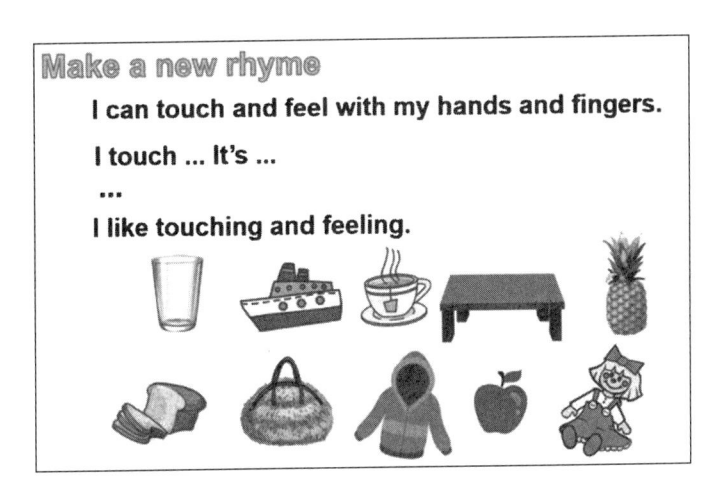

Make a new rhyme
I can touch and feel with my hands and fingers.
I touch ... It's ...
...
I like touching and feeling.

（2）完成调查表——运用核心句型询问物品的触感，并根据调查表的结果对物品触感进行描述。

	✓			
rough		✓		
smooth			✓	
hard			✓	✓
soft		✓		✓

（3）完成信息表——能借助图片，运用核心句型询问物品的触感信息，并完成信息表。

-How does/do ...feel?
-It's/They're...
-What is it/are they?
-It's/They're ...

Colour
Size
Feeling

（4）完成物品触感报告——能够正确运用祈使句"Touch ..."对触摸物品进行认定，并学着体会各种物品带来的不同触感以及对物品的喜爱，将其写下来。

Touch ...
What is it?　　　It's a/an _____.
What colour is it?　　It's _____.
What size(尺码) is it?　　It's _____.
How does it feel?　　It is _____ and _____.
☺/☹　　I _____ it.

116　基于理解的逆向教学设计案例集

2. 其他证据

（1）语音认读——能够正确认读含有字母组合 sh 的单词以及儿歌。

（2）单词应用——能够正确认读并应用本单元的核心词汇 pineapple、cake、bread、glass、bag。

（3）课本朗读——能够朗读课本内容，做到语音、语调正确。

（4）师生问答——能够在课堂上积极思考，并正确回答老师的提问。

（5）感受分享——能够与同伴分享自己身边物品的不同触感体验，做到语音语调正确，表达较规范流利。

3. 学生的自我评价与反馈

（1）学生自评课本内容朗读情况。

| ★★★ Read nicely ★★ Read correctly ★ Read loudly |

（2）学生从"课堂参与度"和"课堂关注度"两个维度对自己进行评价。

| ★★★ Great interest and great attention |
| ★★ Some interest and some attention |
| ★ Little interest and little attention |

（3）学生借助调查表以及信息表获得不同物品的触感信息，并进行口头和书面的输出，小组间互评表达是否流畅、语句是否正确。

阶段三：设计学习体验和学习活动

在确定预期的学习目标和评估证据后，我们需要思考如何设计学习体验和教学活动，由此来达成预期目标，加强学生的学习体验。

我们可以从 WHERETO 元素中的字母入手，作为活动编码：

W——学生了解本单元的目标和需达到的预期结果（Where & What）。

H——吸引学生的学习兴趣，提高并保持学生的学习热情（Hook & Hold）。

E1——能够进行探索和体验，获得明确的任务和目标（Explore, Experience,

Equip & Enable）。

  R——学会反思，重新思考和修改（Reflect, Rethink & Revise）。

  E2——培养学生进行有效、及时的评价（Evaluate）。

  T——满足学生不同的个性需求，制定学习任务（Tailored）。

  O——合理组织教学，提高课堂有效性和参与度（Organized）。

本单元学习活动顺序如下：

（1）学生在逛超市语境和教室触摸体验语境的词汇教学活动中，通过图片、音频、视频等方式学习本单元核心词汇，正确认读并书写。（W）

（2）学生在逛超市语境、教室触摸体验语境和在家触摸体验语境的文本跟读活动中，通过整体感知来理解文本，尝试朗读文本，强调朗读时的语音语调。（R）

（3）学生在教室触摸体验语境的情境感知活动中，通过图片及音频引入话题，创设语境，为在教室进行触摸体验做准备。（H）

（4）学生在逛超市语境的角色扮演活动中，模仿本课人物，描述超市里不同物品的触感，并创编新的儿歌，同桌间互相评价。（E2）

（5）引导学生依据指令，在教室触摸体验语境和在家触摸体验语境的调查活动中，进行触摸体验，并用结对的方式进行语用输出。（E1）

（6）学生在教室触摸体验语境的朗读文本活动中，自主分配角色朗读课文，并对自己的语音语调进行自我评价。（E2）

（7）学生在家触摸体验语境的触摸体验活动中，进行对话表演，进一步体验不同物品的触感，并尝试用信息表的方式将物品的信息记录下来。（O）

（8）学生在家触摸体验语境的触感交流活动中，对生活中自己遇到的不同物品的触感以及自己喜爱的物品进行口头表达和书面描述，表达喜爱之情，达成语用任务。（T）

（9）在逛超市语境、教室触摸体验语境和在家触摸体验语境的语音感知活动中，了解字母组合 sh 的发音，并在单词、儿歌中正确发音。（W）

本单元的学习活动共有上述 9 个，其中第一课时涉及活动（1）(2)(4)(9)，第二课时涉及活动（1）(2)(3)(5)(6)(9)，第三课时涉及活动（2)(4)(5)(7)

(8)(9)。其中活动2和活动9在每个课时中都有涉及，但各个课时之间是呈递进性的，由易到难，层次清晰。

三、逆向教学设计的启示

1. 教学设计的模式发生了改变

相比于传统教学设计模式的教学在前、评估在后，逆向教学设计则是评估在前、教学在后，要求教师首先确定学习目标，预估学生将达到的学习结果，并将其转化为预期的迁移、预期的理解、需要思考的问题以及预期学生能获得的知识和技能等，再基于此确定合适的评估证据，设计具体的学习活动。

2. 逆向教学设计更加关注学生的学习

传统教学常是教师占主导地位，以教师讲授为主，而在逆向教学中，学生的学习过程和结果是教学设计的重点，学生成为学习活动的主体，学习结果则是教学设计的起点。这种将课堂交给学生的观念，反映了逆向教学设计的重点在学生而非教师。

3. 逆向教学设计对评价的重视

评价在教学过程中是非常重要的一环，传统教学中的评价基本在学习活动后，而逆向教学中的评价则是在学习过程中进行的，学生可以根据已经确定好的评估证据对自己或同伴进行及时的评价，同时结合评价结果调整、改进自己的学习策略。教师也能及时获得学生的反馈信息，对自己的教学设计进行反思和调整，不断提高课堂教学效益。

参考文献

格兰特·威金斯，杰伊·麦克泰格. 追求理解的教学设计[M]. 闫寒冰，宋雪莲，赖平，译. 上海：华东师范大学出版社，2017.

中华人民共和国教育部. 义务教育英语课程标准（2022年版）[S]. 北京：北京师范大学出版社，2022.

上海市教育委员会教学研究室. 上海市小学英语学科教学基本要求[M]. 上海：上海教育出版社，2017.

小学英语 "1BM2U3 Drinks I like" 逆向教学设计

史玉娟

传统教学设计存在以教学内容为主或以活动为主等问题，导致的结果是，教师目标定位不准，教学比较随意。另外教师的评价也存在不够及时、不够有针对性等问题，导致课堂评价与实际教学不统一，学生的学习很难达到一定的深度，国家的课程目标无法落实。逆向设计是强调以目标为起点和归宿的新型教学设计模式，提倡教、学、评的相互整合。这种教学设计模式可以让课程目标转化为学习目标，让评价不再游离于教学之外，让教师做到心中有方向，设计有依据，评价有标准，教学有顺序。

一、何为逆向教学设计

美国的教育学家格兰特·威金斯和杰伊·麦克泰格在《追求理解的教学设计》一书中提出了逆向设计的概念和方法，认为我们的课堂、单元和课程在逻辑上应该从想要达到的学习结果导出，而不是从我们的教法、教材和活动导出，课程应该是展示达到特定学习结果的最佳方式。逆向教学设计强调教师应该更多地关注学生的"学"，要成为培养学生用表现展示理解能力的指导者，而不是将自己的理解告知学生的讲述者。他们在书中提供了一个逆向设计的模板，即首先确定预期结果，然后确定合适的评估证据，最后设计学习体验和教学。与以往的教学模式不同的是，逆向教学设计倡导教师在思考如何开始教与学活动之前，先要努力思考学习目的是什么，以及哪些证据能够表明学习达到了目的，只有先关注预期的学习结果，才能产生适合的教学行为，才能更好地引导学生学习，培养学生的综合语言运用能力。

二、逆向教学设计的三个阶段

本文以牛津版上海小学英语教材中"1BM2U3 Drinks I like"为例。在对这一单元的各个版块的内容进行规划后可以发现，本单元依然是在模块话题"My favourite things"之下，围绕孩子们喜欢的事物进行展开。本单元主要是对饮料的喜好进行询问和表达。因此可以通过逆向设计模板来对这一单元进行整体设计。

阶段一：确定预期的学习结果

这个阶段的内容包括整体设计后的单元教学目标，目标所要达成的学习结果，预期的迁移和理解，精准构建的问题链及学生所要掌握的核心知识和技能。

1. 单元整体设计教学目标

（1）在"Drinks for Eddie's Birthday Party"的语境中，能仿说、理解关于饮料类的核心单词 cola、juice、milk、water，并能说出相关饮料的名称；能理解和运用核心句型"What do you like?"询问他人喜欢的饮料和食物，并用"I like ..."作出应答。

依据的英语学科核心素养：语言能力——学生在语境中，能借助板书和图片等信息进行角色扮演，能通过互相调查，询问同伴喜欢的饮料且作出应答。语音语调正确，表达流利。文化意识——在问答交流的过程中，了解他人的喜好，形成关心他人的意识。

依据的英语课程目标：能够理解核心词汇及句型的基本含义，并能用来表达自己的喜好。

（2）在"At Eddie's Birthday Party"的语境中，能在理解、仿说句型"Drink ..."的基础上进行知识迁移，理解与仿说"Eat ..."，并作出应答；能区分"Drink ..."和"Eat ..."的不同用法。

依据的英语学科核心素养：学习能力——能在已学知识的基础上进行知识迁移，借助图片进行仿说。文化意识——在扮演角色的过程中感受与朋友分享的欢乐，树立分享的意识。

依据的英语课程目标：能借助板书和图片等信息询问，能给予他人喜欢的饮料和食物并作出应答，完成生日聚会上的角色表演。

2. 预期的学习结果

（1）预期的迁移。

① 学生通过学习，能够在设置的情境中正确地表达自己对饮料的喜好。

② 学生通过学习，能够在家中询问并给予家人喜欢的饮料和食物。

③ 能在社交场合，从健康的角度为他人选择合适的饮料。

（2）预期的理解。

理解的对象是大概念，本单元的大概念是饮料、食物、句型、仿说、分享。根据威金斯与麦克泰格的分析，理解有六个层面：①能解释（说明）：对于现象、事实、资料等提出有系统的叙述，做出有联系的分析，并提出阐明性的举例或例证。②能阐明（诠释）：讲述有意义的故事，对概念或事件能客观地揭示其意义。③能应用：将所学应用于新的、独特的、真实的情境中，或未知的情境中。④能洞察（有观点）：提出对事件、主题或情境的个人看法，并做出分析与结论，提出解决问题的方法。⑤能神入（有同理心）：展现设身处地为他人着想的能力，例如参与角色扮演、解读他人想法，以及分析他人行为并为其辩护等。⑥能自知：自我反思与评价，以及阐述反思后的新认识，克服有偏见的想法。

本单元的理解事项如下：

① 每个人对饮料的喜好都有所不同。（能解释）

② 仿说句型表情达意。（能应用）

③ 关心、分享也会使自己快乐。（能神入）

（3）预期的主要问题。

主要问题由预期的理解转化而来。

① 生活中都有哪些常见饮料？

② 每个人对饮料都有相同的喜好吗？

③ 大家喜欢喝饮料的原因是什么？

④ 本单元有哪些句型？

⑤ 这些句型能够用来表达什么意思？

⑥ 关心和分享各有哪些句型？

⑦ 关心和分享为什么会使自己也感到快乐？

（4）预期获得的知识。

语音：能用正确的语调仿说特殊疑问句。

词汇：能仿说、理解关于饮料类的核心单词cola、juice、milk、water，并能说出相关饮料的名称。

语法：①能运用核心句型"What do you like?"询问他人喜欢的饮料和食物，并用"I like ..."作出应答；②能理解、仿说句型"Drink ..."并作出应答；③能在理解、仿说句型"Drink ..."的基础上进行知识迁移，理解、仿说"Eat ..."并作出应答；能区分"Drink ..."和"Eat ..."的不同用法。

功能：能正确运用句型"What do you like?"询问他人喜欢的饮料和食物，并用"I like ..."作出应答。

话题：能熟练运用核心单词和句型询问、给予他人喜欢的饮料和食物并作出应答，形成关心、帮助他人的意识；感受与朋友分享的快乐。

（5）预期获得的技能。

听：通过语音能正确识别本单元表示饮料类的核心单词cola、juice、milk、water；能听懂他人使用核心句型"What do you like?"询问喜欢的饮料和食物，并能听懂他人使用句型"I like ..."所作的应答；能听懂他人使用句型"Drink/Eat ..."发出的指令、邀请。

说：能正确地认读本单元的核心单词cola、juice、milk、water；能用本单元的核心句型"What do you like?"来询问他人对饮料食物的喜好，并能用"I like ..."来表达自己的喜好；能模仿运用句型"Drink/Eat ..."发出指令、邀请，并能对邀请进行恰当回应。

读：能正确朗读本单元的核心词汇和句型，能较准确、流畅地朗读教材中的对话及再构文本。

阶段二：确定合适的评估证据

这个阶段我们首先要思考如何判断学生是否已经达到了预期的结果，哪些证据能够证明学生的理解和掌握程度；其次要思考如何通过提问、观察、闯关、调查、分类、表演等多种方式广泛收集评价信息，并根据评价信息作出研判。逆向教学设计需要我们从多方面入手寻找评估证据，以此提高学生学业成就。

1. 表现性任务

（1）Look，say and judge.（看一看，说一说，并判断）

（2）Do a survey.（运用本单元核心单词和句型完成朋友及父母饮料喜好的调查表，并能从父母健康的角度为他们提供合适的饮料）

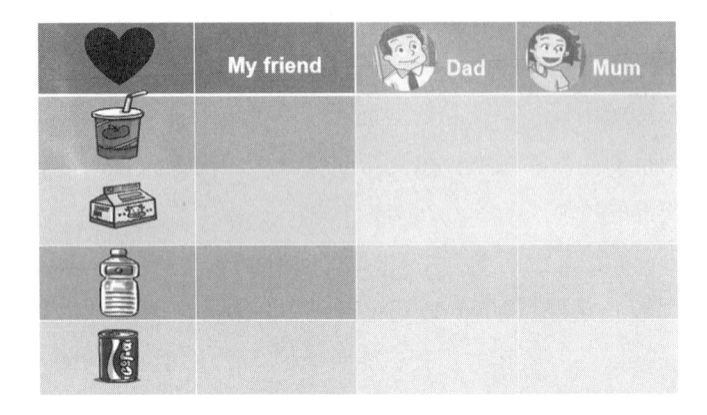

（3）Make the dialogue and act it out.（扮演 Eddie 和他的朋友，运用"What do you like?""I like ... It's..."的句型完成对话并表演）

（4）Think, sort and say.（将食品正确归类，并用"Drink/Eat ..."的句型正确表达）

（5）Tick, say and act.（选择喜欢的角色，小组合作对喜欢的食物或饮料进行询问，勾一勾，完成对话表演）

2. 根据预期结果，需要收集的其他证据

（1）单词认读——能够准确认读本单元的核心词汇。

（2）文本仿说——能够熟练仿说本单元教材内容，做到语音语调正确。

（3）师生问答——能够在课堂上积极思考，主动且较准确回答老师的提问。

（4）合作互动——能够积极与同伴互相讨论，合作完成关于关心和分享的对话表演，做到语音语调正确，内容达意，表达流利。

3. 学生的自我评价和反馈

（1）Dialogue show——选择喜欢的角色，小组合作完成对喜欢的食物或饮料的询问，并在生日情境的对话表演中体验了解他人、分享饮食带来的快乐。

（2）学生从"课堂参与兴趣"和"课堂学习习惯"两个维度对自己进行评价。

阶段三：设计学习体验和教学活动

在确定预期的学习目标和决定可接受的学习成果之后，我们所要做的是设计有效的活动，帮助学生体验，将目标细化于活动之中，以一系列的活动助力目标的落实。为了便于把学习体验和教学活动按照优先次序进行排列，逆向设计以 WHERETO 这七个字母为活动编码，这些字母的含义是：

W——学生了解所学单元的目标和所需达到的预期效果（Where & What）。

H——提高学生的学习热情，挖掘内在动机（Hook & Hold）。

E1——通过探索和体验，明确迁移任务（Explore, Experience, Equip & Enable）。

R——学会反思、重新考虑和修改（Reflect, Rethink & Revise）。

E2——及时、有效的评价（Evaluate）。

T——满足不同个性需求，制定学习任务（Tailored）。

O——最大化提高课堂有效性和学生参与度（Organized）。

本单元学习活动顺序如下：

（1）开展师生问答引入本单元话题，帮助学生理解 drinks 的含义，为开展 birthday party 做准备。（H）

（2）创设 "Drinks for Eddie's Birthday Party" 的语境，带领学生跟随 Eddie 到超市，了解日常生活中都有哪些常见饮料。（E1）

（3）学生通过文本视听、跟读模仿、儿歌吟唱、游戏活动、文本仿说等形式，学习本单元的核心单词 cola、juice、milk、water。（W）

（4）在 "Drinks for Eddie's Birthday Party" 的语境中，通过扮演 Eddie，询问了解大家对饮料的喜好以及原因。（H）

（5）通过跟读模仿、对话仿说、问答交流、看图说话等形式，学习本单元的核心句型，注重用降调朗读特殊疑问句。（R）

（6）在"Drinks for Eddie's Birthday Party"的语境中，小组角色扮演，运用核心句型询问他人喜欢的饮料并用"I like ... It's ..."作出应答。（E2）

（7）运用核心句型"What do you like?""I like ..."询问他人喜欢的饮料并作出应答，完成小调查。（T）

（8）开展一次以选择健康饮料为主题的社交活动，选择合适的饮料。（E2）

（9）完成父母饮料喜好的调查表，并能从父母健康的角度为他们提供合适的饮料。（E1 R）

（10）能在"At Eddie's Birthday Party"的语境中，扮演Eddie，询问他人喜欢的饮料和食物，并会应答。（E1）

（11）学生将所学的食物和饮料进行不同动词的分类搭配。（R）

（12）能在"At Eddie's Birthday Party"的语境中，知晓别人对饮料食物的喜好后，运用"Drink ..."和"Eat ..."分享自己的饮料和食物。（W）

（13）在"At Eddie's Birthday Party"的语境中，通过角色扮演，关注到他人，感受别人的需要，并提供帮助。（T）

（14）进行小组对话表演，学生自由选择角色，正确地询问和给予别人需要的东西，感受与朋友分享的快乐。（O）

（15）合唱演绎生日歌，感受过生日的开心之情。（H）

（16）设计一次交流活动，说一说关心和分享的快乐。（H）

三、逆向教学设计的启示

1. 目标导向，以始为终

教学目标是教学设计的核心，是教学过程、教学方法、教学媒体、教学评价的依据。教学内容、教学活动设计甚至板书都要依据教学目标。精准的目标制定，是教学始终走在"阳光大道"上的保证，也是课堂中让学习真实发生的必需条件。逆向教学设计倡导以学习结果为导向、以教学的终点为设计的起点，依据课程标准和学科核心素养确立教学目标，教学中教师依据目标，设计评价，明确学习内容的优先顺序，让学习目标对接每一个阶段，落实于每一个活动设计，真正做好教学计划的每一个细节，保证每个活动或体验都是指向预期的目标，这就从根本上保证了国家育人目标在课程中落实的可能性，也从根本上解决了教师教学随意、无序，为活动而活动，教学时间分配不均衡等问题。

2. 评价伴随，过程检测

教学评价是小学英语教学中一个不可或缺的组成部分。教学评价是判断目标是否达成的手段，是实现学生更好的学习、教师更优化教学的媒介。精准的教学评价能够积极有效地激励学生的学习兴趣，促进学生自主学习能力的发展。《义务教育英语课程标准》(2022年版)将英语课程的性质界定为工具性和人文性的统一，强调语言学习不仅是为了培养学生交流、沟通的能力，更重要的是使学生在语言学习的过程中加强人文素养，知道关心他人。逆向教学设计先于教学活动设计教学评估证据，评价先行让教师的教学有了一定的准绳，通过评价检测，教师更清楚学生学习的程度，也更明晰教学目标落实的情况。另外，评价先行还会让教师的关注点从自己转向学生，会更多关注学生学习的情况，会思考学生能学到什么，能获得什么，能做什么。这种以"学"为中心的逆向教学设计有利于提升教学效果，发展和深化学生的理解力，提高学生的学习能力。

3. 活动巧设，素养落地

目标的达成需要教学活动来推进。教学活动设计要服务于教学目标，精准的活动设计能有效地帮助学生完成语言任务，达到教学目标。逆向教学设计追求的是教学目标、评价和教学活动的一致性，提倡教师对教材进行整体分析，从单元整体出发设计有效的体验活动，帮助学生学习、体验、理解。它倡导基于学生的理解而教，关注学生学习能力和思维品质的培养，帮助学生达成深度学习。教师根据评估证据设计的有效的体验活动与教学活动，不仅能让学生学习的兴趣更浓厚，也更能促进学生语言知识的习得和语言技能的发展，同时有利于促进课程标准的学科核心素养在教学设计中的落实。

参考文献

中华人民共和国教育部.义务教育英语课程标准（2022年版）[S].北京：北京师范大学出版社，2022.

上海市教育委员会.上海市中小学英语课程标准[S].上海：上海教育出版社，2004.

格兰特·威金斯，杰伊·麦克泰格.追求理解的教学设计[M].闫寒冰，宋雪莲，赖平，译.上海：华东师范大学出版社，2017.

颜黎华，唐晓燕.小学英语基于单元整体教学设计的课程资源构建[M].上海：上海教育出版社，2019.

"我们从小爱劳动"活动逆向教学设计

吕艺萌

现在的很多学生劳动意识淡薄,认为只有学习才是头等大事,存在轻视劳动、不愿劳动、不会劳动的现象,因此,召开劳动教育主题班会,引导学生明确劳动的价值和意义,培育正确的劳动价值观极为必要。

"我们从小爱劳动"活动的逆向教学设计是根据活动主题先设计预期的活动结果,再设计评估证据和主题教育活动,引导学生从本质上理解劳动的意义,并迁移到日常生活当中去,理解劳动对促进自身成长以及劳动价值观形成的重要意义,同时获得相应的劳动知识和技能。

一、什么是逆向设计

传统的教学设计中,教师们都只关注自己的"教",思考的是自己要教什么、要使用哪些教学材料、要让学生做什么等问题,而忽略了学生的"学"。所以在课堂教学结束后,恐怕大部分学生都不能理解学习的要点是什么,课堂教学帮他们理解了什么,为什么要学习这个知识。鉴于此,美国课程学家格兰特·威金斯和杰伊·麦克泰格在其《追求理解的教学设计》一书中提出了逆向教学设计的理念和方法,建议将习惯的做法进行"翻转",要求教师在开始时就要详细阐明预期结果,即学习优先次序,以及根据学习目标所要求或暗含的表现性行为来设计课程。

他们在书中为逆向设计提供了一个模板,它分为三个阶段:确定预期的学习结果,确定合适的评估证据,设计学习体验和教学。逆向设计与传统教学设计不同的是,在设计教学之前必须事先思考学生达到的预期结果,用哪些证据能够证明学生的理解和掌握程度。在教学之初,只有对这些问题进行深入的思考和研究,才能够在教学活动中基于学生的"理解"设计教学体验活动,使教师的"教"和学生的"学"更加有效。

二、"我们从小爱劳动"活动的逆向教学设计

阶段一：确定预期的学习结果

1. 预期的学习目标

《义务教育课程方案和课程标准》(2022年版)将劳动独立为新科目，使劳动课程回到其本有的地位，这不仅正视了劳动课程应有的价值，同时体现了劳动课程与学科课程的同等地位。义务教育新课程方案指出，劳动课程能够帮助学生形成正确的劳动观念，也可以帮助学生学会尊重劳动者。

《中小学德育工作指南》《国务院关于全面加强新时代中小学劳动教育的意见》等文件中，均有对劳动教育目标的阐释。

《中小学德育工作指南》强调学校教育与劳动相结合。将校外劳动纳入学校的教育教学计划，教育引导学生参与洗衣服、倒垃圾、做饭、洗碗、拖地、整理房间等力所能及的家务。《国务院关于全面加强新时代中小学劳动教育的意见》中，劳动教育的总体目标是"通过劳动教育使学生能够理解和形成马克思主义劳动观念，牢固树立劳动最光荣、劳动最崇高、劳动最伟大、劳动最美丽的观念；体会劳动创造美好生活，体会劳动不分贵贱，热爱劳动，尊重普通劳动者，培养勤俭、奋斗、创新、奉献的劳动精神；具备满足生存发展需要的基本劳动能力，形成良好的劳动习惯"。

由此，确定"我们从小爱劳动"活动预期学习目标是：认识到劳动的重要性，树立正确的劳动观；尊重劳动者，明白劳动最光荣的道理，能在家、在校、在社会进行合适的劳动，享受劳动带来的快乐；养成良好的劳动习惯，能做且做好力所能及的事。

2. 预期的学习结果

学习结果由学习目标转化而来，目标与结果是具体和抽象关系。

（1）预期的迁移。

迁移包括知识和技能的迁移，还有情感思想、态度、精神、观点、原理、定律的迁移。

① 将在学校学到的劳动知识和技能应用在家务劳动中。

② 能把自己的劳动热情投入家务劳动以及公益活动中去。

（2）预期的理解。

理解的对象是大概念。关于理解，逆向教学设计者提出了理解的六个侧面：①能解释：能够运用学到的知识，对事件、资料或观点进行系统的解释、说明，做出有联系的分析，并提出阐明性的举例或例证。②能阐明：读懂文字的潜在含义，对多种可能的目的提出合理的解释。③能应用：在情境中运用已有的知识，知道如何做，能在变化的、真实的情境中有效应用知识。④能洞察：将事实与理论置于情境中，明白在什么样的情境中，某个知识才是某个问题的解决之道。⑤能神入（同理心）：置身于他人所处的情境中，感受和领会其状况、情感和观点。⑥能自知：准确地进行自我评估和自我调节，经常反思学习和体验的意义。"理解"的六个侧面是获得学习结果的基础，所有的学习结果都分别建立在理解层面基础上。

本单元的理解事项是：

① 能够说明具有良好的劳动习惯的重要性（能解释）。

② 明白整理教室对培养劳动习惯、劳动价值观的意义（能阐明）。

③ 能尊重生活中的劳动者，主动进行力所能及的劳动（能神入、能应用）。

④ 认识到劳动中的各种合作能使人与人之间的关系更融洽（能神入）。

⑤ 在劳动的过程中能解决相应的技能问题（能洞察）。

⑥ 养成良好的劳动习惯，对劳动提升环保意识及节俭意识进行反思（能自知）。

（3）学生需要思考的基本问题。

这些问题由预期的理解转换而来。

① 为什么说具有良好的劳动习惯很重要？

② 整理教室有哪些技巧和方法？

③ 整理教室对培养劳动习惯、劳动价值观有哪些意义？

④ 为什么要尊重劳动者？

⑤ 为什么要主动进行力所能及的劳动？

⑥ 劳动中的各种合作使人与人之间的什么关系更融洽？（互相关心、互相爱

护、互相尊重）

⑦ 在劳动的过程中能解决哪些相应的技能问题？

⑧ 一般的劳动中可养成哪些良好的劳动习惯？

⑨ 哪些整理教室的劳动行为能证明提升了环保意识及节俭意识？

（4）预期获得的知识和技能。

学生能认识到劳动的意义，主动完成一些力所能及的劳动；乐于自觉或主动从事劳动活动，会劳动；认识到劳动中人与人之间沟通的重要性；树立劳动中的环保意识和节约意识，并把环保意识和节约意识应用实践于生活中。

学生还将有能力通过本次活动掌握一些劳动的方法和技能；通过具体的劳动实践培养良好的劳动习惯，学会生活中的劳动技能；懂得合作沟通的意义，掌握一些人与人之间沟通交流的技巧；掌握勤俭节约的技能。

阶段二：确定合适的评价证据

1. 表现性任务

（1）学校调查——能参与家务劳动的问卷调查，储备数据，直观感受劳动的重要性，激发劳动热情。

（2）做劳动者——能根据自身擅长的劳动，在家从力所能及的家务做起，在校从卫生保洁做起，在外从志愿服务做起。

（3）家务劳动——能将在学校学到的劳动知识和技能应用在家务劳动中。

（4）能运用一定的技巧和方法，分小组合作进行整理教室现场比赛，评选技巧和方法最佳的小组。

（5）撰写劳动挑战书，收集同学们劳动的照片，贴在班级展示墙内。

（6）能通过整理教室，培养自己的劳动习惯和劳动价值观。

2. 其他证据

（1）能掌握劳动中相应的知识和技能。

（2）能尊重生活中的劳动者，明白劳动最光荣的道理。

（3）能主动进行合适的劳动，享受劳动带来的快乐。

（4）养成主动参与学校、家庭、社会劳动、帮助他人的习惯，有保质保量、自始至终完成劳动任务和对他人负责的习惯，能做且做好力所能及的事。

（5）能在劳动中集中注意力倾听，语言得体地与他人沟通交流。

（6）能在劳动中进行合作，享受互相理解、互相关心、互相爱护、互相尊重的和谐关系。

（7）整理教室时，能够不让飞尘扬起，节约用水。

3. 自评与反馈

（1）能根据自身实际情况评价在学校和家务劳动过程中的收获和成长点。

（2）自我评价对父母的劳动和对身边的劳动者是否有感激、尊重之情。

阶段三：确定合适的学习活动

学习活动建立在学习目标和评估证据的基础上，设计学习活动时，我们要始终以学习目标和评估证据为参照，要思考哪些学习活动和教学能够使学生达到预期的结果。格兰特·威金斯和杰伊·麦克泰格在其《追求理解的教学设计》一书中，列出了关键的教学和学习活动，并以WHERETO元素中的相应字母为每个活动编码：

W——帮助学生知道此单元的方向（where）和预期结果（what），帮助教师指导从哪开始。

H——把握（hook）学生情况和保持（hold）学生兴趣。

E1——"武装"（equip）学生，帮助他们体验（experience）主要观点和探索（explore）问题。

R——提供机会去反思（rethink）和修改（revise）他们的理解及学习表现。

E2——允许学生评价（evaluate）他们的学习表现。

T——对于学生不同的需要、兴趣和能力，做到量体裁衣（tailored）。

O——组织（organized）教学，使其最大限度地提升学生的学习动机与持续的热情，提升学习效果。

依据上述活动编码，我设计了如下学习活动：

（1）回望校园，引劳动之识。

① 出示《教室一角》图片，感受劳动能带来整洁舒适的环境。

② 家务劳动小调查：有哪些主动的劳动行为？做了哪些力所能及的劳动？为

什么这些很重要?

（2）放眼社会，悟劳动之美。

① 阅读有关劳动者的材料，讨论并回答问题。

材料一：北京京东物流的宋学文10年行走32万多公里，配送30万件包裹，零失误、无投诉、无事故。

材料二：夜深了，他们为最后一户隔离业主送去物资，因担心打扰业主而悄悄离去。

想一想：你从这些劳动者身上读出了什么？对这些劳动者，我们应该做什么？

② 说说自己身边的劳动者。

（3）挑战自我，践劳动之行。

① 小组活动：分六组限时整理教室。（整理讲台、擦拭玻璃、打扫教室、擦拭桌面、整理班级图书角、整理班级植物角）

学生分组进行现场比赛，整理时，能有环保意识和节俭意识。（例如节约用水、注意垃圾的分类等）

② 每小组选出代表给其余五组评分，可以采访他们在劳动中是如何出色地将本小组的任务完成的。（例如整理图书角时搬出流动图书、清理灰尘、整理图书、修补图书、放回图书、将图书摆放整齐、整理图书借阅记录）

③ 请表现最优秀的小组，说说如何做到既快又好地完成相应的劳动，有哪些良好的劳动习惯值得大家学习。（例如完成劳动后将劳动工具摆放整齐、爱护和珍惜劳动成果、劳动中讲效率等）

④ 说说哪些行为是主动整理教室的习惯，主动整理教室能体现什么精神。

（4）头脑风暴，立劳动之约。

① 情景再现

情境一：小明路过其他班级门口，发现地上有一张已经使用过的餐巾纸，他该怎么做呢？

情景二：班级的垃圾桶已经满了，可是今天没有轮到我做值日，怎么办？

通过交流，意识到要形成主动关心班级卫生的习惯。

② 学生交流讨论后，形成"三从"公约：在家从力所能及的家务做起，在校从卫生保洁做起，在外从志愿服务做起。

③ 每个学生为自己撰写劳动挑战书。班级成立监督小组，监督同学们挑战书的完成情况。

④ 一个月后举行班级"最美劳动者"评比，收集同学们在家、在校、在校外劳动的照片，贴在班级展示墙内。

（5）家务劳动亲子活动。

在爸爸妈妈的指导下，认真完成扫地、洗碗、做一道简单的菜等家务活，看谁能完成得又快又好，体现劳动热情。

（6）公益志愿者服务。

能在社区的组织下，积极投入志愿服务，例如清理地面垃圾、擦拭健身器材等，态度热情。在劳动中互相协作，同伴之间互相关心。

三、逆向教学设计的启示

1. 改变传统教学设计模式

传统教学设计模式是教学在前，评价在后，而逆向教学设计却是评价在前，教学在后。这就要求教师首先根据相关课程标准中的核心素养和核心目标、学情等确定学习目标，预估学生将要达到的学习结果，将其转化为"预期的迁移""预期的理解""需要思考的问题""预期学生能获得的知识和技能"等，再基于此设计评估证据和学习活动。用评估证据来评估学生是否达到了预期的学习结果，是逆向教学设计不同于传统教学设计之处。

2. 逆向教学设计更加关注学生的"学"

传统教学的课堂中，通常是教师一个人主宰课堂，教师的自我意识十分强烈，而在逆向教学中，教学设计重在学生的学习过程和学习结果，即学生"能学到什么，能做到什么"，将学生定位为学习活动的"主体"，将学习结果作为教学设计的起点。这种将课堂交给学生的理念，反映了逆向教学设计的注重点在于学生而非教师，这对教师有一定的启发，会促使教师发生观念上的转变，促进课程目标和学科核心素养在教学设计中的落实，让教学活动的设计有更明确的方向。

3. 评估证据能促使学生改变学习策略

在日常的教学中，教师往往采用的是终结性评价，到时已不能及时根据学生的学习情况来改变教学策略。而逆向教学设计是根据课程标准要求和单元教学目标，从多角度出发并选择相应的评估证据后再安排教学活动，学生能够及时地用评价标准来衡量自己的学习状况，在这个过程中形成自己的学习策略并且不断地改进，这就有利于教师及时地获取教学的反馈信息，并对自己的教学设计进行反思和改变，从而不断地提高课堂教学水平。

参考文献

格兰特·威金斯，杰伊·麦克泰格.追求理解的教学设计［M］.闫寒冰，宋雪莲，赖平，译.上海：华东师范大学出版社，2017.

小学劳技"材料与工具"单元逆向教学设计

汤莉君

以往我在安排教学活动时，往往会对照着教学目标按部就班地设计，活动与活动之间、活动与评价之间的关联考虑较少，活动本身的质量难以精准考量，可以说，教学活动设计的整体性、层次性、递进性、高效性不能兼顾。而追求理解的逆向教学设计除了以终为始设定与目标相匹配的学习结果与评估证据外，更在学习活动设计中提出了以"WHERETO"七个字母为活动编码的新理念，考虑到了涵盖预期效果、动机、迁移、反思等诸多方面的要素，为提升教师的教学设计能力提供了切实可行的路径。

一、何为逆向教学设计

《追求理解的教学设计》一书是美国教育评估专家格兰特·威金斯与杰伊·麦克泰格所著，他们将逆向设计的理念引入了教育领域，引发了教师们的思考，很多教育工作者开始在教学中应用此理念，促进了教与学方式的转变。可以说，逆向教学设计既为教师们在设计教学时提供了有效的支架，又为学生的学习体验提供了有力的支持。

逆向教学设计是从学习结果开始的逆向思考，主要由三个阶段组成：确定预期结果，确定合适的评估证据，设计学习体验和教学。这样的教学设计需要教师在设计前先思考学习要达到的目的，先关注学习期望和可评估的证据，再选择合适的教学行为。

二、逆向教学设计的三个阶段

阶段一：确定预期的学习结果

1. 单元学习目标

（1）通过观察与讨论，了解木材的来源和主要用途，形成节约自然资源、节约材料的意识。

依据的核心素养：劳动精神——继承中华民族勤俭节约、敬业奉献的优良传统。

依据的课程目标：具有继承中华民族勤俭节约、敬业奉献优良传统的积极愿望。

（2）认识小手工锯的部件，学会组装小手工锯，使用小手工锯进行直线锯割，树立安全、正确地使用工具的意识。

依据的核心素养：劳动能力——具备基本的劳动知识和技能，能正确使用常用的劳动工具。

依据的课程目标：能根据劳动任务选择合适的材料和工具、技术与方法，安全、规范、有效地开展劳动，初步养成持之以恒的劳动品质。

（3）通过角尺的制作，初步学会木工加工流程，通过评价关注作品质效，体验合适的工具和正确操作在加工中的重要性。

依据的核心素养：劳动能力——具备基本的劳动知识和技能，能正确使用常用的劳动工具。劳动习惯和品质——具有安全劳动、规范劳动、有始有终等习惯。

依据的课程目标：学会识读简单木工工艺作品图样，选择合适的手工工具和技术，制作简单木工工艺作品，感受作品完成后的喜悦与成就感，形成安全劳动、规范操作的意识。

（4）通过对鲁班故事的了解、劳动制作的亲身体验，逐步领会"工匠精神"的内涵。

依据的核心素养：劳动精神——培育百折不挠、艰苦奋斗的革命精神，以及精益求精、追求卓越的工匠精神。

依据的课程目标：树立产品质量意识，培养精益求精的劳动精神。

2. 预期的学习结果

预期的学习结果与单元学习目标是具体与抽象的关系，要把学习目标转化成具体的学习结果。预期的学习结果有迁移、理解、问题、知识与技能。

（1）预期的迁移。

① 学生通过学习能够用比较规范的操作流程、合理选择工具对小型木材进行

加工。

② 学生能够理解技术是人类利用自然、改造自然的手段，但仍然要与自然保持和谐共处的关系，形成爱护自然、节约资源的意识，并在加工制作时做到材料的最大化利用，减少余料的产生。

③ 学生能够从鲁班的工匠精神迁移到实际生活中器物、建筑等所体现出的工匠精神。

（2）预期的理解。

理解的对象是大概念。本单元的大概念是"木质材料与加工基础"，子概念是"加工工具""加工方法""加工流程"。

针对理解，格兰特·威金斯与杰伊·麦克泰格提出了理解的六个侧面，分别是：①能解释：基于有力的证据和论据提供复杂的、有见解的和可信的推理。②能阐明：读懂文字的潜在含义，对多种可能的目的和文本的含义提出合理的解释。③能应用：在情境中运用已有的知识，知道如何做，能在各种变化中的、真实的和复杂的情境中有效使用知识。④能洞察：将事实与理论置于情境之中，明白在什么样的情境中，某个知识才是某个问题的解决之道。⑤能神入：置身于他人所处的情境中，感受和领会其状况、情感和观点。⑥能自知：准确地进行自我评估和有效地进行自我调节，乐于接受反馈和批评，经常反思学习和体验的意义。

本单元理解的事项是：

① 常见木质材料的特点与用途。（能解释）

② 角尺、C形夹、小手工锯、砂纸、白胶的使用方法。（能应用、能洞察）

③ 在简单作品制作中的木工的一般加工流程。（能应用、能自知）

④ 技术与自然共依共存的关系。（能阐明、能神入）

（3）预期的主要问题。

主要问题由预期的理解转化而来，用来引导学生对理解的事项进行思考，达到理解的目的。

① 木质材料从何而来？常见木质材料有哪些？木质材料有什么特点？木质材料可以做成哪些东西？

② 哪些工具可以对木材进行加工？它们的使用方法有哪些？

③ 木工的一般加工流程是什么？为什么需要这样的加工流程？如何评价木工作品的制作效果？

④ 为什么技术与自然有着共依共存的关系？

（4）预期获得的知识与技能。

学生将会知道：①木质材料的来源和主要用途；②常见的木材加工工具名称及其用途；③木工的一般加工流程；④技术与自然的关系。

学生将能够：①掌握角尺、C形夹、小手工锯、砂纸、白胶的使用方法；②学会如何调节与养护小手工锯；③运用"画线—固定—锯割—打磨—连接"的流程制作木质角尺作品。

阶段二：确定合适的评估证据

1. 表现性任务

（1）说一说：学习和生活中有哪些木质器物。

（2）认一认：辨认角尺、C形夹、小手工锯、砂纸、白胶等常见工具。

（3）试一试：对小手工锯进行拆卸与组装，学习如何更换锯条，如何借助角尺、C形夹等工具对木材进行锯割。

（4）做一做：将三根长度不一的薄木板加工制作成一把角尺。

（5）评一评：利用评价表对自己和同伴的作品进行客观评价。

（6）写一写：传统木质建筑所折射出的工匠精神。

2. 根据预期结果，需要收集的其他证据

（1）小调查：常见的木材种类及树木的成材时间。

（2）想一想：为角尺的制作流程排序。

3. 学生的自评、互评和教师评价

学生自评——学生就自己的学习感受与表现，从"兴趣、习惯"两个方面进行自我评价。

学生互评——学生根据同伴加工制作的效果，从"技艺、质量"两个方面进行互相评价。

教师总评——教师根据学生学习中的过程表现和相应学习任务完成的结果呈现给予相应评价。

学生自评	学习兴趣	喜欢参与课堂学习活动	☆☆☆
		课堂上注意力集中，踊跃发言	☆☆☆
	学习习惯	认真思考，仔细倾听	☆☆☆
		安全、规范地使用工具	☆☆☆
学生互评	加工技艺	划线、固定、锯割、粘贴符合标准	☆☆☆
	作品质量	角尺组装正确、直角精准	☆☆☆
教师总评	□优 □良 □合格 □需努力	老师的话：	

阶段三：设计学习体验和教学活动

在明确了学习结果和相应的评估证据后，我们展开思考：学习活动设计的准则应当始终以学习结果和评估证据为参照，是这两者的自然延续，那么，设计的教学活动内容有哪些？怎样的形式更受学生欢迎？如何进行合理排序？逆向设计以WHERETO七个字母为活动进行编码，字母的含义分别为：

W——帮助学生知道本单元学习的方向（where）和预期的学习结果（what）。

H——帮助教师把握（hook）学生的基本情况和保持（hold）学生的学习兴趣。

E1——"武装"（equip）学生，帮助他们体验（experience）主要观点和探索（explore）问题。

R——为学生提供机会去反思（rethink）和修改（revise）他们的理解及学习表现。

E2——为学生提供机会去自我评价（evaluate）。

T——对于不同学生的需要进行量体裁衣（tailored）。

O——合理组织（organized）教学，提升学生的学习动机和学习效果。

本单元学习活动顺序如下：

（1）课前调查：常见的木材种类及树木的成材时间。（E1）

（2）交流调查结果，并就"树木成材不易"的话题谈谈自己的想法。（W）

（3）观察周围（家庭、学校……）的事物，交流哪些东西是由木质材料做成的。（W H）

（4）讨论并交流自己知道的加工木质材料的工具。（E1）

（5）辨认角尺、C形夹、小手工锯、砂纸、白胶等常见工具，了解它们的用途。（O）

（6）阅读说明书，了解小手工锯各部分结构名称，知道如何拆装小手工锯、更换锯条、养护小手工锯。（E1 O）

（7）观看微视频，学习如何对木材进行画线、固定、锯割，完成简单的模仿操作。（E1 O）

（8）观察配套材料，思考并交流如何将三块薄木板加工成为一把角尺。（E1）

（9）完成角尺制作流程的排序，学习如何对木材进行打磨、粘接。（E1）

（10）根据制作要求，合理选择工具并按照规范的加工流程完成木质角尺的制作。（O）

（11）展示作品，根据评价要求进行自评与互评，提出改进的设想。（E2 R）

（12）回顾本单元所学，交流自己的收获与体会。（T）

（13）课后社会实践：游览家乡著名景点——"枫泾古镇"，寻访古代木质建筑中所蕴含的工匠精神，撰写心得体会。

以上活动共需两课时完成。第一课时重在引导学生通过课前调查与课中交流，初步感受木质材料的特性，并意识到树木成材不易，从而树立起节约材料的意识与行动。同时通过对加工工具的辨认，初步学习小手工锯（锯割）与C形夹（固定）的使用，尝试锯割薄木板来实现对木质材料的加工的认识。在第二课时中，学生通过木质角尺这一小项目的制作，巩固上一课时所学，并引入砂纸（打磨）与白胶（粘接）这两种加工工具，初次体验木工的一般加工流程，即画线—固定—锯割—打磨—粘接，并通过评价改进与回顾交流进一步认识到技术与自然的关系。

本单元活动课时安排如下：第一课时，活动（1）—（7）；第二课时，活动（8）—（13）。

三、逆向教学设计的启示

1. "教—学—评"的一致性得到保障

逆向教学设计的三个阶段，将"教—学—评"三者以更紧密的方式联结在了一起。在确定预期的学习结果时，还要考虑合适的评估证据，以终为始。逆向教学设计就像一条看不见的线牵动着设计者厘清思路，制定可操作、可检验的目标并通过评价及时修正，目标与评价互为支撑，以评价佐证目标的合理性，因而更具科学性。

在设定了合理的目标和可评估的证据后，学习活动是这两者的自然产物。以"WHERETO"理念引导教师关注教学活动的丰富性、层次性与全面性，保证了教学目标的达成与评价的可操作性。

2. "单元整体"的理念得到强化

从授人以鱼走向授人以渔、从标准答案走向解决方案、从学科育人走向融合育人，逆向设计与"单元整体"教学的理念是一致的。逆向教学设计支持教师站在单元的视角对教材的学习内容从功能定位上做出新的规划。由于学习结果与评估证据在先，课时之间的关联性需要进行通盘的考量，如何对教学目标进行分解、传递并落实便也摆在了教师的面前。

在设计活动之前，先将目标转化为可视、可察的迁移、理解、问题、知识与技能，就意味着教师已经对单元做了精细的分析与合理的规划，"整体"的意识与设计能力在无形中已经得到了强化。

3. "减负增效"的理念得以践行

在开展逆向教学设计时，因在一定的标准下需要教师考虑到目标的可评价、活动的多意义，一些单一的、机械的、模糊的目标与活动设计就会被自然剔除。这样一来就确保了在着手设计的起始阶段能够做到"精简"。去繁就简、目标明确，既减轻了教师在备课时的顾虑与迷茫，也提高了学生学习的效率，"减负增效"的理念得以践行。

参考文献

格兰特·威金斯，杰伊·麦克泰格.追求理解的教学设计［M］.闫寒冰，宋雪莲，赖平，译.上海：华东师范大学出版社，2017.

中华人民共和国教育部.义务教育劳动课程标准［S］.北京：北京师范大学出版社，2022.

小学劳技"简易连杆玩具"单元逆向教学设计

俞宝娟

劳动课程要培养的核心素养，即劳动素养，主要是指学生在学习与劳动实践过程中逐步形成适应个人终身发展和社会发展需要的正确价值观、必备品格和关键能力，其包括劳动观念、劳动能力、劳动习惯、劳动品质及劳动精神这五个方面的内容。根据新课程标准的理念，作为劳动学科教师，应从单元教学设计入手，改变传统劳技课重技术轻素养的现象，将新课程标准目标有效落实到日常的课堂中。单元设计是指设计者从章或单元的角度出发，根据章或单元中不同的知识点的需要，综合利用各种教学形式和教学策略，进行相对完整的一个知识单元的教学设计，它有别于课时教学设计。因此，劳动技术学科的单元教学设计应该包括规划单元内容主题、分析单元教材教法、制定单元教学目标、确定单元教学重点与难点、设计单元主要教学活动、量化单元教学评价等环节。根据学科特点，传统的劳动技术学科课堂教学活动流程主要由需求的产生、方案的设计、材料的选择、工具的使用、加工与制作、评价与改进等技术活动组成。美国课程学家格兰特·威金斯和杰伊·麦克泰格合著的《追求理解的教学设计》从一个新的视角，引导教师跳出一般的教学设计思维，依据成果导向教育理论，对设计程序进行重构，提出了逆向教学设计的理念和方法。这种教学设计能够更好地发展和深化学生的理解力，促使学生的学习产生积极意义，并且能够迁移所学的能力。

一、逆向教学设计的内涵

逆向教学设计是以终为始，把学习目标作为起点和归宿，优先设计教学评价，教学活动则是达成学习目标的手段。逆向教学设计将预期的学生学习结果作为学习目标，并据此设计学习评价，然后安排教学活动。将目标评价与教学活动协调一致，符合基于标准的教学设计要求，有利于核心素养的培育。

二、逆向教学设计的案例

阶段一：确定预期学习结果

"阶段一"的内容包括根据单元教学目标，以及目标转化后的学习结果，而预期的学习结果又包括了四个方面，分别是预期的迁移、预期的理解、理解转化后的基本问题和学生将要掌握的知识与技能。

逆向教学设计是以单元为单位进行教学设计，本文以小学四年级劳动技术学科简易纸质作品设计与制作单元中的"简易连杆玩具"单元为例，尝试进行逆向教学的单元设计。根据《义务教育劳动课程标准》（2022年版）和劳动学科核心素养，本单元的学习目标和学习结果如下：

1. 确定的单元学习目标

（1）通过观察、思考和交流，知道连杆是一种机械装置，它可以传动和改变物体的运动方向，连杆装置广泛应用于日常生产劳动中，可提高人们的生活品质。

依据的劳动课程目标：形成对劳动与人类生活、社会发展、个人成长之间关系的正确认识，懂得人人都要劳动、劳动创造财富、劳动创造美好生活等基本道理。

依据的核心素养：劳动观念——通过认识连杆装置，观看连杆装置在日常生活和生产中运用的相关视频或图片，引导学生懂得劳动创造人、劳动创造财富、劳动创造美好生活的道理，树立劳动最光荣、劳动最崇高、劳动最伟大、劳动最美丽的观念。

（2）通过小组讨论、自主探究、对比发现等活动，确定连杆与小鸟翅膀的最佳连接位置与方向，养成自主探究的学习习惯。

依据的劳动课程目标：通过了解连杆装置，了解连杆装置的基本工作原理，形成对劳动与人类生活、社会发展、个人成长之间关系的正确认识，懂得人人都要劳动、劳动创造财富、劳动创造美好生活等基本道理。

依据的核心素养：劳动能力——能正确使用剪刀，对卡纸连杆玩具部件进行加工、组合，完成制作；能在加工制作的过程中，通过自主尝试、小组交流等过程，确定连杆与玩具部件之间的最佳连接点和方向，提高智力、设计能力、操作能力及团队合作能力。

（3）在加工制作简易连杆玩具的过程中，能够规范、安全使用工具和材料，按计划完成作品。在完成作品后保持场地整洁，并能妥善保管作品。

依据的劳动课程目标：能自觉自愿地劳动，安全规范、有始有终地完成简易连杆玩具的制作并珍惜劳动成果。

依据的核心素养：劳动习惯——学生能够合理使用工具，意识到安全操作的重要性，养成工作台整洁和不乱扔纸屑的劳动好习惯。

2. 预期的学习结果

预期的学习结果由确定的单元学习目标转换而来，目标是抽象的，结果是具体的，结果由迁移、理解、基本问题、知识与技能组成。

（1）预期的迁移。

预期的迁移主要从两方面进行：第一个是知识与技能的迁移，在新的情境中能够运用所学知识解决问题；第二个是对情感、原理、定律等的迁移。

① 学生在观察、探究的过程中，寻找到其他物体实现连杆功能。

② 学生能运用所知连杆装置的运动原理创意设计其他造型的连杆玩具。

（2）预期的理解。

理解的对象是大概念。本单元的大概念是：机械装置（连杆装置、连杆玩具）；制作时规范、安全；乐于探究，勤于实践。

逆向教学设计者提出了理解的六个侧面：①能解释：基于有力的证据和论据，提供复杂的、有见解的和可信的推理。②能阐明：读懂文字的潜在含义，对多种可能的目的和文本的含义提出合理的解释。③能运用：在情境中，运用已有的知识，知道如何在各种变化中的、真实的和现实复杂的情境中有效使用知识。④能洞察：将事实与理论置于情境之中，明白在什么样的情境中，某个知识才是某个问题的解决之道。⑤能神入：置身于他人所处的情境中，感受和领会其状况、情感和观点。⑥能自知：准确地进行自我评估和有效地进行自我调节，乐于接受反馈和批评，经常反思学习和体验的意义。

本单元理解的事项是：

① 理解连杆玩具能够改变方向、灵活运动的原因。（能解释）

② 能够说明连杆玩具的正确玩法。（能阐明）
③ 能运用连杆装置设计制作其他有趣的卡纸玩具。（能应用）
④ 通过对比、探究，找到连杆连接点的最佳位置和角度。（能洞察）
⑤ 养成自觉收纳好习惯和保持环境卫生的自觉性的重要性。（能自知）
⑥ 规范、安全使用加工工具的重要性。（能应用）

（3）思考的基本问题。

基本问题由预期的理解转化而来，两者有对应关系。

① 什么是连杆玩具？连杆玩具为什么能够改变方向、灵活运动？
② 有哪些方法或借助生活中的哪些物品能使卡纸玩具动起来？
③ 运用统一提供的工具、材料，如何制作连杆玩具？
④ 如何确定连杆与卡纸小鸟翅膀之间的最佳连接点，使翅膀扇动更灵活？
⑤ 你有哪些自觉收纳和保持卫生的好习惯？
⑥ 使用工具有哪些规范？要注意哪些安全事项？为什么要规范、安全使用加工工具？

（4）学生要获得的知识和技能。

① 知道简易连杆玩具的结构与作用。
② 知道连杆的连接方法与玩具的运动方向有关。
③ 经过探究、对比，发现连杆的最佳连接位置。
④ 知道连杆的形式与连接方式可以有多种形式。
⑤ 能说出几种使卡纸小鸟翅膀灵活扇动起来的生活中常用的物品名称。

阶段二：确定合适的评价证据

如何知道学生是否达到了预期的结果，从哪些方面可以了解到学生的掌握程度，需要我们确定合适的评价证据。

1. 表现性任务

（1）试一试——尝试玩一玩连杆玩具卡纸小鸟，知道卡纸小鸟翅膀能改变方向、灵活运动的原因。

（2）议一议——小组交流：借助生活中的哪些物品能够辅助让卡纸小鸟翅膀扇

动起来？

（3）口语报告——能从书中找到使卡纸小鸟玩具翅膀上下扇动的多种方法，并用完整的语句表述出来。

（4）动手操作——根据提供的材料和工具，设想加工、制作连杆玩具的步骤并按步骤进行操作。

（5）实践操作——用提供的"蓝丁胶"做探究性实验，进行临时性粘接，以此找到连杆与卡纸小鸟翅膀之间的最佳连接点。

（6）创意设计——用所知连杆装置的运动原理和技能，创意设计如蝴蝶等其他连杆玩具。

（7）看看说说——能够从书本中找到其他物体实现连杆功能的材料及具体方法。

（8）交流会——说说自己有哪些自觉收纳和保持卫生的好习惯。

（9）说一说——能说出使用工具有哪些规范，有哪些安全事项，说出为什么要规范、安全使用加工工具。

2. 检测性证据

（1）小讨论——设想并在四人小组内讨论：借助生活中的某些物品，让卡纸小鸟翅膀上下扇动，评选出若干"金点子"。

（2）小测试——用蓝丁胶将连杆与卡纸小鸟翅膀进行临时性粘接，找找最佳连接位置和角度。

（3）作业——能够按纸质加工一般步骤完成连杆卡纸小鸟玩具的制作，在此基础上创意制作其他造型的连杆玩具。

3. 自我评价和互评

（1）自评在制作连杆玩具中的表现。

（2）互评收纳习惯和环境卫生情况。

阶段三：设计学习体验和教学活动

现在，我们要根据前面两个阶段的设计进行思考：设计哪些学习体验和教学活动？活动的顺序如何安排才有助于学生获得预期效果？

本阶段的活动以 WHERETO 元素中相应的字母为活动编码：

W——Where，了解单元学习的知识点和目标。

H——Hook，设计情景以吸引并保持学生的注意力。

E1——Equip，涵盖知识的体验性活动的问题设置的探索。

R——Rethink/Revise，反思和修改。

E2——Evaluate，允许学生对自己的作业和应用进行自评、互评。

T——Tailored，根据学生个体的需求、兴趣和能力设计作业和活动。

O——Organized，组织教学，使其最大限度地提升学生的学习动机与持续参与热情，提升学习效果。

本单元的活动顺序如下：

（1）看一看，玩一玩，知道什么是连杆玩具，想一想卡纸小鸟翅膀能上下扇动的原因。（H）

（2）观察制作连杆玩具的加工图纸，知道连杆玩具——卡纸小鸟的组成结构。（WH）

（3）互动交流：连杆在连杆玩具中改变方向、灵活运动的作用及连杆在生活中的应用。（E1）

（4）动手操作：加工图纸，经过剪切、划痕、弯折三个步骤完成卡纸小鸟和卡纸条连杆的加工。（T）

（5）探究活动：运用蓝丁胶尝试将连杆（即卡纸条）与卡纸小鸟翅膀相连接，找到最佳连接位置和角度，使其翅膀扇动更灵活。（E1 O）

（6）小测试：小组比赛，比一比谁的卡纸小鸟翅膀扇动最灵活。（R T）

（7）动手操作：调整连杆与小鸟翅膀的位置和角度。（E1）

（8）探究活动：用老师提供的棉线、竹签、木条等物品，寻找能够实现连杆功能的材料，设计除小鸟连杆玩具外的其他连杆玩具。（E1 O）

（9）动手操作：在设计纸上画一画其他造型，如蝴蝶的连杆玩具，并试着做一做。（E1）

（10）小制作：用连杆装置的运动原理进行创意设计，将生活中的一些物品

（如纸质蝴蝶）制作成连杆玩具。(TO)

（11）在家中或学校找一些连杆装置并说出其作用。(RT)

（12）小组交流会：说说自己有哪些自觉收纳和保持卫生的好习惯。

（13）头脑风暴：以四人为一个小组，设想并交流：借助生活中哪些常见的物品，能让卡纸小鸟翅膀扇动起来？小组长负责记录下来，从中挑选出几个大家公认的"金点子"。

（14）评一评：看看哪些同学能够做到规范、安全使用加工工具。

三、逆向教学设计的启示

1. 关注课程标准和学科核心素养

传统的教学设计往往都是从教材出发，根据对教材的解读而设计教案。但是教材只是教学素材，并非目标或标准。"核心素养"试图回答培养什么人、怎样培养人的问题。"核心素养"内涵涵盖了通过学校学习应该掌握的人类文化工具，也包括适应 21 世纪信息时代所需的创新思维、沟通交流和团队合作等"胜任力"；既关注科学世界也关注生活世界，同时注重培育社会主义核心价值观。本教学设计关注了课程标准与学科核心素养，使单元设计的目标更明确。

2. 重视学生在学习活动中的主体地位

学生是教学的主体，但是在教学设计过程中我们往往会进入我要讲什么、怎么讲的误区，从而忽略学生的主体性。本单元的设计从学生的角度思考要达到什么样的学习结果，将通过哪些证据证明学习效果，具体学习活动是什么，这些都是以学生为主来考虑的。从学生的角度思考学什么、怎么学，能更贴近学生的学情，达到更好的学习效果。

3. 评价证据形式多样，更加有针对性

本单元的评价证据包含了口语报告、实践操作、小测试、作业、自评、互评等，可以更加全面地反映学生的学习水平。每一个教学目标都有对应的评价证据来检验，老师也可以更加具体地了解学生的学习水平。

指向劳动素养的劳动课程设计注重追求劳动价值的理解性、劳动评价的前置性和实际生活应用的有效性，其清晰的设计流程为培养学生的劳动素养搭建了有效的平台。劳动课程教师作为活动设计与实施的主体，需要摒弃旧观念、旧思路，充分发挥实践智慧，让劳动素养落实到学生的成长与发展过程中。

参考文献

中华人民共和国教育部.义务教育劳动课程标准（2022年版）[S].北京：北京师范大学出版社，2021.

格兰特·威金斯，杰伊·麦克泰格.追求理解的教学设计[M].闫寒冰，宋雪莲，赖平，译.上海：华东师范大学出版社，2017.

邹炳.单元教学逆向设计案例集[M].上海：上海社会科学院出版社，2021.

小学自然"磁"的逆向教学设计

陈 晔

一、逆向教学设计的基本内涵

逆向教学设计是美国课程与教育领域的专家威金斯和麦克泰格在对传统教学设计不足进行反思的基础上，提出的一种新的教学设计模式。逆向教学设计从终点（预期的结果）入手，根据标准所要求的学习证据（或表现）来判定是否已达到预期结果（评估）。逆向教学设计把课程作为达到既定学习目标的载体，将教学看成将注意力集中于特定主体，使用特殊资源、选择特殊的学习指导方法，达到既定的学习目标的过程。其过程主要由三个阶段组成：确定预期学习结果，确定合适的评价证据，设计学习体验。可以发现，逆向教学设计强调以清晰的学习目标为起点，评价设计先于教学活动设计，指向促成目标的达成。这与大多数教师习以为常的从教材、活动中导出的教学设计南辕北辙。在逆向设计中，用什么方法可以证明学习目标的达成？达到这些目标的证据是怎样的？教与学所指向的、构成评估的表现性行为是怎样的？只有回答了这些问题，才能在逻辑上导出合适的教学和学习体验，从而使学生成功地完成学习任务，达成学习目标。

二、逆向教学设计的三个阶段

阶段一：确定预期的学习结果

此阶段包括确定单元教学目标及学习的结果，这些结果是预期的迁移、预期的理解、需要思考的基本问题、将要掌握的知识和技能。

1. 确定单元学习目标

"磁"是上海远东版《自然》四年级第一学期第四单元的教学内容。依据《义务教育科学课程标准》（2022年版）和科学课程核心素养的要求，制定本单元教学目标：

（1）通过实验、观察、比较等活动，知道磁体的不同部分磁性强弱不同，磁性最强的部分是磁极；知道相同的磁极相互排斥、不同的磁极相互吸引，磁铁能指南北。

依据的核心素养：科学观念。掌握有关磁的基本科学知识，了解人类认识磁现象的方法以及磁在生活、生产等方面的应用实例。

依据的课程目标：了解磁是日常生活中一种常见的能量形式，解释磁性、磁极等相关概念。

（2）通过实验、观察、归纳、阅读资料等活动，发现磁铁有磁极，知道地球有磁场，概括指南针中的小磁针可以用来指示南北的原因。

依据的核心素养：科学思维。从实践中发现、提出有关磁的问题，做出合理的猜测。

依据的课程目标：能利用模型解释磁铁能指南北的现象，解释磁性、磁极等相关概念。

（3）通过动手制作，知道电磁铁的简单构造，能设计实验研究影响电磁铁磁性强弱的因素。

依据的核心素养：探究实践。从观察活动中发现有关电磁铁的问题，自主设计实验进行观察、实践、分析等活动，经历完整的探究过程，掌握基本的科学方法，具有初步的探究实践能力。

依据的课程目标：通过对电磁铁的观察和比较，试着改变电磁铁的结构，制订简单的探究计划。

（4）通过查阅资料、实验、观察、比较、分析、制作等活动，有兴趣研究与磁相关的现象，能列举一些电磁现象在生活与生产中应用的实例。

依据的核心素养：态度责任。对设计探究磁铁性质的实验和制作小磁铁、电磁铁的活动感兴趣，愿意和同学合作，能与同学分享观点，能完整表达自己的改进意图和方法，具有认识和研究磁的兴趣。

依据的课程目标：了解电磁制品对人类生活方式和生产方式的影响，感受科技产品给人类生活带来的便利。

2. 预期的学习成果

预期的学习目标与预期的学习成果是具体和抽象的关系，成果是对目标的具体化。

（1）预期的迁移。

① 学生能掌握寻找磁铁磁极的方法并将其迁移到具体生活情境中，判断物体是否为磁铁及找出其磁极。

② 学生能自制一块磁铁。

③ 学生将地磁知识迁移到能具体解释指南针的工作原理中。

④ 学生能将制作电磁铁的方法迁移到能自主改变电磁铁的磁性强弱中。

⑤ 能指出在生活和生产中电磁现象的应用。

（2）预期的理解。

理解的对象是大概念，本单元的大概念是磁体、磁铁（磁性、磁极）。

逆向教学设计强调对事物意义的理解，理解的对象是大概念，所有学习结果都必须以理解为基础。关于理解，逆向教学设计者提出了理解的六个层面：①能解释（说明）：对于现象、事实、资料等提出系统合理的解释，做出有联系的分析，并提出阐明性的举例或例证。②能阐明（诠释）：讲述有意义的故事，对概念或事件能客观地揭示其意义。③能应用：将所学应用于新的、独特的、真实的情境中，或未知的情境中。④能洞察（有观点）：提出对事件、主题或情境的个人看法，并做出分析与结论，提出解决问题的方法。⑤能神入（有同理心）：展现设身处地为他人着想的能力，例如参与角色扮演、解读他人想法，以及分析他人行为并为其辩护等。⑥能自知：自我反思与评价，以及阐述反思后的新认识，克服有偏见的想法。

本单元的理解事项是：

① 理解磁铁的磁性和磁极（能解释）。

② 理解磁化是使原来不具磁性的物质具有磁性的过程（能阐明）。

③ 理解判断物体是否有磁性的方法（能应用）。

④ 理解指南针的工作原理（能阐明）。

⑤ 理解电磁铁的工作原理（能解释）。

（3）需要思考的问题。

需要思考的问题由预期的理解转化而来。

① 什么是磁性？什么是磁极？磁极有什么性质？

② 什么是磁化？如何自制一块磁铁？

③ 如何判断一个物体是否有磁性？

④ 指南针为什么会指向南方？

⑤ 电磁铁由哪几个部分组成？有什么办法能改变电磁铁的磁性强弱或改变磁极？

⑥ 生活中有哪些电磁现象应用的实例？

（4）将要掌握的知识和技能。

学生将学会：①磁极的性质；②避免磁性减弱的方法；③电磁铁的工作原理；④生活中电磁现象的应用。

学生将能够：①用实验的方法验证物体是否有磁性；②有自制磁铁的能力；③有查阅资料知道地球是一个大磁体的能力；④有根据制作说明书制作一个电磁铁的能力；⑤有举例说明电磁效应在生活中的应用的能力。

阶段二：确定合适的评估证据

1. 表现性任务

（1）小组汇报：想办法使用磁性的定义判断黑板是否为磁铁。

（2）实验操作：能按照制作步骤说明，使用一枚钢钉制作成一块小磁铁。

（3）口语报告：能列举避免磁铁磁性减弱的方法。

（4）口语报告：能解释指南针的指南北的原理。

（5）资料查阅：能查阅资料，知道地磁南极、地磁北极的分布及作用。

（6）实验操作：能按照制作步骤说明，制作一块电磁铁。

（7）调查报告：解释电磁起重机、磁悬浮列车、音响等物体利用电磁铁进行工作的原理。

2. 其他证据

（1）实验报告：能将比较磁铁磁性强弱以及寻找磁铁磁极的方法、过程写明白，真实记录实验数据，形成实验报告。

（2）实验方案设计：能设计探究"磁铁能指南北""磁极间的相互作用"的实验方案和数据记录表。

（3）实验方案设计：能设计探究"改变电磁铁的磁性强弱的因素""改变电磁铁的磁极"的实验方案和数据记录表。

3. 学生的自我评价和反馈

（1）自评：寻找磁铁磁极的实验报告制作情况。

（2）互评：探究"磁铁能指南北""磁极间的相互作用""改变电磁铁的磁性强弱的因素""改变电磁铁的磁极"的实验方案和数据记录表的科学性与严谨性。

阶段三：设计学习体验和教学活动

本阶段的活动以 WHERETO 中的字母为每个活动编码：

W——了解单元学习的方向（where）和预期结果（what）。

H——把握（hook）学生情况和保持（hold）学生兴趣。

E1——代表知识的体验（experience）和观点的探究（explore）。

R——反思（rethink）和修改（revise）。

E2——允许学生对自己的作业和应用进行自评和互评（evaluate）。

T——根据学生个体的需求、兴趣和能力来设计作业和活动（tailored）。

O——组织（organized）教学，使其最大限度地提升学生的学习兴趣与持续参与的热情，提升学习效果。

本单元的活动顺序如下：

（1）观察不同的磁铁，根据不同的标准对磁铁进行分类。（H）

（2）在课堂上，用磁铁接触不同的物体，了解什么是磁性。（W）

（3）在用磁力片搭建模型的过程中，发现不同的磁力片磁性的不同。想办法比较两块不同磁铁的磁性强弱，按照自己设计的实验方法进行实验、记录数据，知道比较不同磁铁的磁性强弱的方法。（W E2）

（4）比较同一块磁铁不同位置的磁性强弱，按照自己设计的实验方法进行实验、记录数据，找出磁铁的磁极。（W E2）

（5）黑板上贴着一块磁性板贴，想办法使用磁性的定义判断黑板是否为磁铁。（H）

（6）制作磁铁玩具：按照制作步骤说明，将一枚钢钉制作成一块小磁铁。先验证钢钉已被磁化，再尝试用不同的方法，使磁化的钢钉磁性减弱，向同学介绍自己的发现。（O E2）

（7）观察磁力片的收纳过程，发现磁力片并不总是紧紧吸在一起。设计实验观察磁极间的相互作用，并按照自己设计的实验方法进行实验、记录数据，得出磁铁能指南北、同名磁极相互排斥、异名磁极相互吸引的结论。（W）

（8）在校园操场上，用指南针测方向。用地磁知识解释指南针的工作原理，自主查询磁铁能指南北的相关资料，知道地磁南极、地磁北极的分布及作用。（H）

（9）使用磁感线观察板观察磁场，阅读资料了解磁场影响磁带、钟表等物体的工作的原因。（T）

（10）铁屑与沙子混合在一起，想办法把铁屑与沙子分别装入不同的容器。小组合作按照实验步骤说明，制作一块电磁铁，完成将沙子与铁屑分类，并设计探究"改变电磁铁的磁性强弱的因素""改变电磁铁的磁极"的实验方案，按照自己设计的实验方法进行实验、记录数据，找出影响电磁铁磁性强弱的因素，找到改变电磁铁磁极的方法。（W E1 E2）

（11）观察电磁起重机、磁悬浮列车、音响等物体的使用场景，查阅资料，了解这些机器利用电磁铁进行工作的原理。（H）

（12）磁单元思维导图绘制：结束整个单元的学习，进行总结复习，将学到的知识点用思维导图的形式进行展示。（R）

单元活动课时安排如下：第一课时，活动（1）（2）；第二课时，活动（3）（4）；第三课时，活动（5）（6）；第四课时，活动（7）（8）；第五课时，活动（9）；第六课时，活动（10）；第七课时，活动（11）（12）。

三、逆向教学设计的反思

1. 教学设计要知道起点和归宿

传统的教学设计是先教学后评估，而逆向教学设计与此恰恰相反，这就要求教师在设计教学活动前先确定学生预期达到的结果以及作为评估的证据，使得目标与活动一一对应。

逆向教学设计的目标是根据《义务教育科学课程标准》（2022年版）以及科学学科核心素养所确定的，使用逆向教学设计模板，能使教师更清楚地了解课堂教学目标的起点与归宿，也能帮助教师更好地来设计教学活动。在整个教学过程中，以学生为主体，时刻关注学生的活动过程以及学生的学习情况。

2. 教学设计要注重与生活相联系

在平时的教学中，我们会发现虽然小学自然课程是带领学生发现生活中的科学，引导学生从亲近自然走向亲近科学，但课堂教学中的研究内容往往与学生的实际生活有一定的距离。学生在学习时会遇到一些问题或挫折，导致他们逐渐失去学习的兴趣、缺少提问的意识。所以，在教学中，我们可以把生活中一些习以为常的现象，当成"疑问""解释"，作为素材带进课堂中，带领学生一起研究、一起学习。生活中的现象虽然是学生熟悉的事物，但其中隐藏的科学概念却可能是学生所忽略的。利用这些"隐藏"资源更能激发学生的学习兴趣，让学生感受到科学来源于生活，科学服务于生活。例如，本单元中"小磁针能指南北"这一概念，虽然很多孩子都知道，但真正见过、使用过的孩子寥寥无几。"为什么是小磁针？为什么不能是磁铁？为什么能指南北？如何指南北？"通过这一素材，就能把这一单元的"地球有磁场"的相关活动串成一条线。学生在活动中一点点地探寻科学现象、一步步地走进科学世界，把书本上简单的一句话深刻地印入脑海中。当教学与生活紧密相联时，教学才能更加有效，学生才能更深刻地体验到科学来源于生活、生活中处处都有科学。

参考文献

格兰特·威金斯，杰伊·麦克泰格.追求理解的教学设计［M］.闫寒冰，宋雪莲，赖平，译.上海：华东师范大学出版社，2017.

中华人民共和国教育部.义务教育科学课程标准（2022年版）［S］.北京：北京师范大学出版社，2022.

小学科学"人的一生"逆向教学设计

褚晓莉

义务教育科学课程是一门体现科学本质的综合性基础课程，具有实践性。科学课程旨在培养学生的核心素养，包括科学观念、科学思维、探究实践、态度责任，为学生的终身发展奠定基础。教师应当根据学生的认知水平，利用各类周边资源，创设丰富有趣的科学活动，激发学生学习科学的兴趣，引发学生认知冲突，迸发思维的火花，促进学生自身发展，从而使他们树立起基本的科学态度及正确的价值观和社会责任感。

一、逆向教学设计的基本内涵

格兰特·威金斯和杰伊·麦克泰格在《追求理解的教学设计》一书中提到了逆向设计理念。他们认为，传统的设计会有两个误区：一是为了活动而活动，缺乏对活动意义的思考；二是灌输式学习，教师只是尽最大努力在规定时间内完成教学任务。这样的学习方式，并不能让学生理解学习的意义所在，也无法发展学生的核心素养。因此，教师需要转换教学理念，要思考：学习要达到的目的到底是什么？为了达到学习目标，学生需要什么？哪些证据能够表明学生学习达到了目的？

逆向设计包括三个阶段。阶段一：确定预期学习结果，结合学科核心素养和学科课程标准明确学习内容的优先次序。阶段二：确定合适的评估证据，通过收集评估证据来确定学生是否已经达到了预期的理解。阶段三：设计学习体验和教学，设计恰当的教学活动指导学生获得所需知识和技能。教师应当明确，教师是培养学生用表现展示理解的能力的指导者，而不是将自己的理解告知学生的讲述者。

二、"人的一生"的逆向教学设计

基于理解的逆向教学设计强调以目标为起点和归宿，视教学为学习目标达成的手段，这与基于课程标准、落实学科核心素养的教学理念相符。本文以上海远东版小学《自然》二年级第二学期第一单元"人的一生"为例，尝试使用基于理解的逆向设计模板进行探索实践。具体从下面三个阶段展开设计。

阶段一：确定预期的学习结果

预期的学习结果由学习目标和学习结果组成。其中，目标是教学指向，结果则是学习导向。

1. 确定单元学习目标

"人的一生"是"生命世界"主题下的内容，根据《义务教育科学课程标准》（2022年版），将单元目标确定如下：

（1）通过调查、观察等活动，知道人类也是动物，人和其他动物的生活有相同的基本需求。

依据的学科核心素养：态度责任——知道可以有依据地质疑别人的观点，尝试从多个角度、以多种方式认识事物，树立珍爱生命的意识。

依据的学科课程目标：能概括动物的某些共同特征。

（2）通过观察等活动，知道人会繁殖后代，人的子代和亲代都有相似的形态和习性，人类子代个体之间的形态与习性有相同之处和不同之处。

依据的学科核心素养：探究实践——能利用多种感官或简单的工具，观察对象的外部形态特征及现象，并能对这些特征和现象进行简单的比较、分类等；具有初步的收集信息和得出结论的意识。

（3）通过观察、体验、阅读等活动，知道人的生命所经历的主要阶段及其特点。

依据的学科核心素养：科学观念——能简单描述动物的生长过程。

（4）懂得合理照顾自己的生活，体会家庭成员之间的关心，初步具备体贴和照顾老人的意识。

依据的学科核心素养：态度责任——愿意倾听、分享他人的想法，乐于表达、讲述自己的想法。

2. 预期的学习结果

预期的学习结果自当是上述学习目标引领下的学习结果，包括学生在学习本单元之后,能将"生命的基本特征""生命的历程"两个重要内容迁移到日常生活中去,认识人一生经历的不同阶段及其变化,初步学会从多个方面观察不同阶段人体的特征,懂得合理照顾自己的生活,体会家庭成员之间的关心,懂得体贴和照顾老人。这些结果都贯穿了学生对"人的一生"不同层面的理解。

(1)预期的迁移。

迁移是指能将所学知识应用到新的甚至有时令人感到困惑的情景中去,包括知识技能的迁移、思想情感的迁移等。

① 在生活中迎接新生命时,比如饲养宠物等,依据一定的知识技能,能给其提供基本的生活需求。

② 能说出周围亲朋好友及家庭成员之间的辈分关系,发现周围其他子代与亲代的相同与不同之处,以及自己与同伴之间的相同与不同之处。

③ 能说出周围的人正处于何种生命阶段,以及该阶段的特征。

④ 初步具备健康的生活理念,承担家中力所能及的事务,学习照顾家中的老人。

(2)预期的理解。

逆向教学设计强调对事物意义的理解,理解的对象是大概念。本单元的大概念是:动物(人、其他动物),家庭,人的生命历程,人们要相互关心。所有学习结果都必须以理解为基础。关于理解,逆向教学设计者提出了"理解"的六个层面:①能解释(说明):对于现象、事实、资料等提出有系统的叙述,做出有联系的分析,并提出阐明性的举例或例证。②能阐明(诠释):讲述有意义的故事,对概念或事件能客观地揭示其意义。③能应用:将所学应用于新的、独特的、真实的情境中,或未知的情境中。④能洞察(有观点):提出对事件、主题或情境的个人看法,并做出分析与结论,提出解决问题的方法。⑤能神入(有同理心):展现设身处地为他人着想的能力,例如参与角色扮演、解读他人想法,以及分析他人行为并为其辩护等。⑥能自知:自我反思与评价,以及阐述反思后的新认识,克服有偏见的想法。

本单元的理解事项是:

① 人和其他动物有相同的生活需求,只有满足了基本需求才能生存下去(能应

用)。

② 家庭成员之间的辈分关系，家庭成员之间会有相似的形态和习性（能解释）。

③ 人的生命历程主要经历诞生—成长—成熟—衰老—死亡，不同阶段的人的生理特征是不一样的，相同阶段的人的生理特征也有差异（能解释）。

④ 人在成长期要逐渐学会合理安排自己的生活，具备一定的自理能力，家庭成员之间应该做到互相关爱、互相帮助（能应用）。

⑤ 老年人的身体机能在逐渐退化，需要他人的帮助（能神入）。

（3）需要思考的基本问题。

基本问题由预期的理解转化而来。

① 人和其他动物的不同点是什么？

② 人和其他动物生活的基本需求是什么？

③ 你的家庭成员有哪些辈分关系？

④ 你和家中的长辈或者同辈有哪些相似的形态或习性？

⑤ 如何证明你在成长，你的父辈或祖辈在衰老？

⑥ 在成长过程中，你和同龄人之间有哪些不同点？

⑦ 人的生命经历哪些主要阶段？不同阶段的特点是什么？

⑧ 怎样的生活是安排得比较合理的？

⑨ 不同辈分的家庭成员分别会为家庭做哪些付出？

⑩ 老年人的身体机能在逐渐退化有哪些表现？

⑪ 如何帮助老年人的生活？

（4）学生将会获得的知识和技能。

学生将会知道：①人和其他动物生活的基本需求是相同的，人类也是动物；②人会繁衍后代；③人和其他动物的子代和亲代都有相似的形态和习性；④人的生命所经历的主要阶段及不同阶段的主要特点；⑤老年人因身体机能逐渐退化，所以生活不便。

学生将能够：①用观察、对比的方法，寻找人和其他动物生活的共同需求和不同特点；②按照个体特征对家庭成员进行分类；③用搜集、整理信息的方法，探索人的生命所经历的阶段；④用不同的方法，如测量身体数据、交流日常生活习惯，寻找自己与同龄人在生理及习性上的差异；⑤学会合理安排自己的日常生活，有健康的生活意识；⑥能为自己的家庭做一些力所能及的事情；⑦学会照顾家中的老人，关爱其他老人。

阶段二：确定合适的评估证据

本阶段的评估证据是根据预期的学习结果而确定的，这就要求教师在设计单元课程前先要"像评估员一样思考"，思考如何确定学生是否已经达到了预期的理解。设计的评估证据必须能证明学生的学习达到了预期的理解基础上的学习结果。

1. 表现性任务

（1）能列举人和其他动物的日常生活，归纳出人和其他动物都需要呼吸、进食、休息、运动、排泄。

（2）能画出家庭树，说清家庭成员的辈分关系。

（3）比较自己与家庭成员的照片，列举自己与家庭成员形态及生活习惯上的相似之处。

（4）观看视频、联系自己和家人，交流生活所见，能说出人的一生会经历诞生、成长、成熟、衰老、死亡这五个阶段，不同阶段的身体特征不同。

（5）测量自己的身体数据，与同伴进行比较，发现自己与同伴形态之间的差异；交流日常生活习惯，发现每个人的生活习性不同。

（6）能辨别健康与不健康的生活，并为自己合理安排一天的生活。

（7）能说出家中长辈为家庭所做的付出，愿意主动为家人分担家务，或者学习照顾家人。

（8）交流自身经历及所见，能列举老年人身体机能退化的表现，具有照顾老年人的意识和具体行为。

2. 其他证据

（1）能列举人和其他动物的不同之处。

（2）能按一定的标准给家庭成员进行分类。

阶段三：设计学习体验和教学活动

我们根据前两个阶段的设计进行思考：教师要设计哪些学习体验和教学活动？如何合理安排教学活动才能更好地让学生达到预期效果？为了便于把学习体验和教学活动按照优先次序进行排序，逆向设计以WHERETO这七个字母为活动编码，这些字母的含义是：

W——帮助学生知道本单元学习的方向（where）和预期的学习结果（what）。

H——帮助教师把握（hook）学生的基本情况和保持（hold）学生的学习兴趣。

E1——"武装"（equip）学生，帮助他们体验（experience）主要观点和探索（explore）问题。

R——为学生提供机会去反思（rethink）和修改（revise）他们的理解及学习表现。

E2——为学生提供机会去自我评价（evaluate）。

T——对于不同学生的需要进行量体裁衣（tailored）。

O——合理组织（organized）教学，提升学生的学习动机和学习效果。

本单元的学习活动顺序如下：

（1）观看野生动物日常生活视频，记录野生动物日常生活中做的事情。（H）

（2）观看宠物日常生活视频，记录在饲养宠物的过程中，是如何保障其日常需求的。（H）

（3）有宠物的同学交流饲养的宠物的经验，评价自己是否能满足其日常需求。（R E2）

（4）观看图片，从图片中选择自己每天都会做的事情，并写下图片中没有提到的自己每天都会做的事情；判断图片中列举的事情是否有益于健康生活，自己每天做的事情及做事的时间长短是否有益于健康生活。（H T）

（5）从三份记录表中归纳出人和其他动物每天都会做的相同的事情。（W E1）

（6）根据之前的视频内容及生活经验，交流人和其他动物的不同之处。（H）

（7）观察全家福照片，交流家庭成员辈分情况，根据自己的能力画出不同版本的家庭树。（W T）

（8）根据家庭成员的特征，按一定的标准给家庭成员进行分类，交流分类方法，并进行修改。（R O）

（9）观察全家福照片，交流自己与家庭成员之间外貌上的相似之处。（W H）

（10）回忆日常生活，交流自己与家庭成员之间生活习性上的相似之处。（W H）

（11）观看视频"0—100岁"，根据自己的已知经验，交流人的生命所经历的主要阶段为诞生—成长—成熟—衰老—死亡。（W E1）

（12）根据视频内容及生活经验，图文结合记录自己与家人（或者身边其他人）正处于什么阶段，以及此阶段的特征，同伴评价记录内容是否体现出不同阶段的对比性。（O E2）

（13）测量手掌的长宽及身体其他部位的数据，与同伴进行比较，交流比较结果；交流自己与同伴的日常生活习惯。（W O）

（14）列举老年人的哪些身体机能开始逐步退化，在什么方面需要家人的照顾，家人应该如何照顾。

这14个活动一共由3个课时组成。第一课时——活动（1）—（6），第二课时——活动（7）—（10），第三课时——活动（11）—（14）。

三、逆向教学设计的反思

1. 逆向教学设计要遵循学科核心素养和课程目标

教师的教学内容离不开课程目标，传统的教学，教师更专注于传授知识技能而会忽略学生素养的发展。2022年版的新课程方案中完善了培养目标，强化了课程育人导向，将党的教育方针具体化、细化为课程应着力培养学生的核心素养，使学生成为有理想、有本领、有担当，德智体美劳全面发展的社会主义建设者和接班人。

本单元的设计就紧紧围绕学科核心素养以及课程目标来展开。"阶段一"设置了"通过观察等活动，知道人会繁殖后代，人的子代和亲代都有相似的形态和习性"这一条学习目标。对应的"阶段二"的评估证据是"能画出家庭树，说清家庭成员的辈分关系""比较自己与家庭成员的照片，列举自己与家庭成员形态及生活习惯上的相似之处"。对应的"阶段三"的教学活动是"观察全家福照片，交流家庭成员辈分情况，根据自己的能力画出不同版本的家庭树""根据家庭成员的特征，按一定的标准给家庭成员进行分类，交流分类方法，并进行修改""观察全家福照片，交流自己与家庭成员之间外貌上的相似之处"。在三个阶段的设计中，大概念"家庭"起到了相互照应的作用，落实了该学习目标所依据的"探究实践"核心素养，真正做到学科育人。

2. 逆向教学设计要以预期的学习结果为导向

以往在进行教学设计的时候，教师更关注自己要"教"什么、用什么方法去"教"，而不会去考虑学生到底需要什么，用什么证据证明学生理解了教师所教的内容，学生是否能将所学的知识迁移到其他地方去。因此，课堂结束后，学生接收到的信息可能仅仅停留在刚刚的课堂上，又或者也仅仅只会做题而不会真实运用。相比之下，逆向教学设计倡导以学习结果为导向，先根据课程标准和学科核心素养确立明确的学习目标，再根据学习目标选择合适的评估证据，然后根据评估证据设计有效的教学活动，以此改变了教学的思考模式，学生也能进行理解和迁移，学习得更全面、更具体。比如，家中养宠物的学生，在本单元学习之前，更多的是觉得宠物可爱，可以陪伴自己，但在学习之后，他们会理解，宠物和人类有相同的生活需求，人类只有尊重、善待它们，它们才能生存下去。这不仅提升了学生的思想认识，也将会进一步善待动物。

小学心理健康"我想学习更有趣"单元逆向教学设计

金卫勤

教育部发布的《中小学心理健康教育指导纲要》中提出：要根据学生身心发展的规律和特点及心理健康教育的规律，科学开展心理健康教育，注重心理健康教育的实践性与实效性，切实提高学生心理素质和心理健康水平。而对如何更好地上好心理健康教育课，许多教师往往心有余而力不足。美国的教育专家格兰特·威金斯和杰伊·麦克泰格提出的"逆向教学设计"的概念和方法，为我们提高学生心理素质和心理健康水平提供了思考和启迪。

一、什么是逆向教学设计

开展逆向教学设计，首先教师要转变，这个转变是指教师在思考如何开展教学活动之前，先要努力思考此类学习要达到的目的到底是什么，以及哪些证据能够表明学习达到了目标。例如在学习新知时，学生能够准确无误地回答教师提出的问题，这个证据就表明学生的学习达到了目标；对于学习习惯培养，学生的目不转睛、不做任何小动作等表现性动作，就表明学生的学习习惯培养达到了既定目标。教师教学的有效性取决于学生对预期学习目标的完成程度。

二、逆向教学设计的思路

本文以上海市小学生心理健康教材《小学生心理健康自助手册》中"我想学习更有趣"单元为例。这一单元共有6个版块，围绕小学生的观察力、注意力、记忆力、思辨能力展开，因此可以采用逆向设计模块对这一单元进行整体设计。这一单元的教学设计可以分为以下三个阶段。

阶段一：确定预期的学习结果

1. 预期的学习目标

根据《中小学心理健康教育指导纲要》中的说明，小学生心理健康的核心素养是：根据中小学生生理、心理发展特点和规律，把握不同年龄阶段学生的心理发展任务，运用心理健康教育的知识理论和方法技能，培养中小学积极乐观、健康向上的心理品质，使学生学会学习，提高自主自助的能力，增强承受挫折、适应环境的能力。

依据上述核心素养制定本单元目标：

（1）学会使用适当的方法提升自己的观察力和注意力。

（2）联系日常实际，提升记忆能力，构建适合自己的记忆策略。

（3）了解问题解决策略，提升问题解决能力。

（4）跳出思维定式，尝试换个角度思考问题。

（5）探索、了解自己的兴趣爱好，强化兴趣爱好给人的积极体验。

（6）找到适合自己的学习方法，用简单的方法激励自己养成好习惯。

2. 预期的学习结果

依据上述的单元目标，本单元的具体学习结果如下。

（1）预期的迁移。

迁移就是将学到的知识和技能应用到新的情景中。迁移有知识和技能的迁移，有思想、观点、情感、原理、定律等的迁移。

① 在学习中合理运用注意力和观察力。

② 构建适合自己的记忆策略。

③ 探索适合自己的问题解决策略，提升问题解决能力。

④ 提升思维灵活性，能换个角度思考问题。

⑤ 学会正确处理学习与兴趣之间的矛盾。

⑥ 知道只有适合自己的才是好习惯，只有坚持好方法才能变成好的学习习惯。

（2）预期的理解。

理解的对象是大概念。本单元的大概念是非智力因素（注意力、观察力、记忆力、提问能力、思辨能力、兴趣、习惯、毅力）。

逆向教学设计者提出了理解的六个层面：①能解释：通过归纳或推理，系统合理地解释现象、事实和数据，洞察事物间的联系并提供证据。②能阐明：诠释、解说和转述，从而揭示某种意义。③能应用：在新的、不同的、现实的情境中有效地使用知识。④能洞察：批判性、富有洞见的观点。⑤能神入：体悟他人情感和世界观的能力。⑥能自知：知道自己无知的智慧，知道自己的思维模式与行为方式是如何促进或妨碍了认知。

本单元需要理解的事项是：

① 理解观察力和注意力的重要性。（能阐明）

② 理解建构自己记忆策略的意义。（能阐明）

③ 理解建构问题解决策略的重要性。（能洞察）

④ 理解为什么要学会换个角度思考问题。（能应用）

⑤ 理解如何利用兴趣爱好提升能力。（能自知）

⑥ 理解养成良好学习习惯的益处。（能阐明、能应用）

（3）需要思考的基本问题。

基本问题由预期的理解转化而来。

① 注意力和观察力对于学习有什么益处？为什么集中注意力、集中观察力就很容易提升学习效果？

② 可以用什么方法增强自己的记忆力？增强自己的记忆力对学习有什么作用？

③ 你在解决问题时第一步是怎么想的？为什么这么做？

④ 什么是换个角度思考问题？如何换个角度思考问题？

⑤ 我的兴趣爱好是什么？兴趣爱好与提升能力有什么关系？

⑥ 什么才是良好的学习习惯呢？对学习有什么益处？

（4）需要掌握的知识和技能。

学生将获得的知识：①提升注意力和观察力的方法；②构建自身的记忆策略；③构建解决问题的策略；④学会换个角度思考问题；⑤挖掘自身的兴趣爱好。

学生将掌握的技能：

① 掌握提升注意力和观察力的方法。

② 掌握增强记忆力的方法，并将方法用在学习中。

③ 提升问题解决能力。

④ 提升换个角度思考问题的能力。

⑤ 借助兴趣爱好提升自己的能力。

⑥ 在良好的学习习惯的助力下，学会学习。

阶段二：确定预期的评估证据

如何知道学生是否已经达到了预期学习结果？哪些证据表明学生已经理解和掌握？这需要我们确定合适的评估证据。下面是本单元的评估证据。

1. 表现性任务

（1）能在规定时间内按要求完成"找不同"任务单，借助计时注意力训练提升自己的注意力和观察力。

（2）能在规定时间内按要求记忆物品、单词、词语等，逐步构建自己的记忆策略。

（3）出示日常可能遇到的学习场景（如没有记下作业，黑板就擦了），写出自己的解决方法。

（4）能在"卖鞋子"的故事中感受换个角度思考问题的益处。

（5）通过"兴趣魔方"游戏，探索自己最大的兴趣在哪里。

（6）能在玩"啄木鸟行动"游戏中感悟找到适合自己的学习方法并不难，难的是持之以恒，要让它真正内化成自己的好习惯。

2. 其他证据

（1）利用魔力画板"听听画画"，体验提升注意力、观察力的方法。

（2）通过游戏竞赛等活动，运用学到的记忆方法练习记忆，体验巧记的乐趣。

（3）通过创设情境问题"和伙伴发生矛盾了"，提出解决方法，学会应对生活中的问题。

（4）实战演练：同一件事，换个角度思考，有不一样的收获（如在沙漠中看到半瓶水）。

（5）能在小组讨论中了解兴趣爱好就是那件让你打心眼里觉得好玩的事情，就兴趣爱好与提升学习能力之间的关系展开辩论。

（6）通过"好的学习习惯拍卖会"体验活动，感受好习惯的重要性。

3. 自评与反馈

（1）能说出提升注意力和观察力的方法。

（2）能说出自己的记忆策略。

（3）能说出自己的问题解决策略。

（4）能在生活中尝试换个角度思考问题。

（5）能说出自己的兴趣爱好。

（6）能拥有好习惯，并将好习惯通过 28 天打卡活动坚持下去。

阶段三：设计学习体验和教学活动

本阶段的活动以 WHERETO 中的字母来进行设计。这些字母分别表示：

W——Where，了解单元学习的方向和预期结果（what）。

H——Hook，把握（hook）学生的基本情况和保持（hold）学生的学习兴趣。

E1——Equip，代表知识体验观点的探索。

R——Rethink/Revise，为学生提供机会去反思和修改他们的理解和学习表现。

E2——Evaluate，为学生提供机会去自我评价。

T——Tailored，根据学生个体需要、兴趣和能力来设计作业和活动。

O——Organized，组织教学，提升学生的学习动机和学习效果。

本单元的学习活动顺序如下：

（1）通过一系列的问题（如：你是否喜欢学习？学习成绩的好坏与什么有关？如何提升自己的学习效果？）引入，探讨非智力因素（如注意力和观察力）的重要性。（W E2）

（2）通过在规定时间内按要求完成"找不同"任务单、"魔力画板"，思考提升自己注意力和观察力的方法。（T O E2）

（3）通过在规定时间内按要求记忆物品、单词、词语等，尝试逐步构建自己的记忆策略，将它运用到自己的学习中去，体会其好处。（H E2）

（4）通过游戏竞赛等活动，运用学到的记忆方法去训练自己的记忆力。（O R E1）

（5）通过出示日常可能遇到的学习场景（如：没有记下作业，黑板就擦了，怎

么办?),写出自己的解决方法,和伙伴探讨学习方面的问题解决策略,第一步要先稳住,不能慌。(OTR)

(6)通过创设情境(如"和伙伴发生矛盾了"),提出解决方法,学会解决生活中遇到的问题。(OTR)

(7)交流会。面对两个不同的情景问题,思考后,说出自己两个不同的解决方法,明白不同的人对相同的问题有不同的解决方法,相同的人对不同的问题有不同的解决方法。(ORE1)

(8)通过"卖鞋子"的故事,感受换个角度思考问题的重要性。(OHE1)

(9)通过实战演练,学会换个角度思考问题。(如:在沙漠中看到半瓶水,可以这么想——哈哈!还有半瓶水。)(OH)

(10)通过"兴趣魔方"游戏,探索自己最大的兴趣在哪里。(OH)

(11)通过辩论赛,明白兴趣爱好与提升学习能力之间的关系。(ORE2)

(12)通过"啄木鸟行动"游戏、"好的学习习惯拍卖会",交流自己的学习方法。(OTE1)

三、逆向教学设计的反思

1. 设计思路的转变

传统教学一般围绕教师教什么、怎么教,学生学什么、怎么学来进行设计,但逆向设计不是。相较传统设计而言,它不是根据教材内容来确定学习目标,而是根据学科核心素养和课程标准来确定学习目标。逆向设计由三阶段构成:阶段一:如果期望学习结果是要学生……那么,阶段二:你需要证明学生有能力……因此,阶段三:学习活动必须……。也就是说先要努力思考此类学习需要学生达到的目的到底是什么,以及哪些证据能够表明学生的学习达到了目标。这有助于教师厘清教材各板块中的学习内容和学习要求,促进课程标准和学科素养在教学设计中的落实。

2. 评价方式的转变

评价证据在逆向教学设计中有着重要的作用,评价证据有点类似于学习评价,但是高于学习评价。在学习新知时,学生能够准确无误地回答教师提出的问题,这样的学生回答的证据则表明学习达到了目标。对于学习习惯的培养,学生能够目不转睛、不做任何小动作等表现性动作则表明学生的学习习惯培养达到了既定目标。所以针对每节课，教师要设定好本节课的学习目标是什么，达到这个学习目标的证据是什么，这样教师能够判断本节课的学习是否有效。

3. 教学目标的落实

好的教学设计是教学成功的一半。借助逆向设计，既可为学生提供一定的思想素材，使学生通过观察、分析，最后将素材概括为自己的知识，更重要的是使学生的思维能力得到训练。尤其是心理教学，心理课堂是提倡以学生为主体的活动课程，整个过程应该让学生多想、多思、多参与。逆向设计相较于传统教学的优势在于，教师要依据教学目标和学情，思考在心理活动课中学生能学到什么，尊重学生的主体地位，将学习结果作为教学设计的起点，从而使教学目标获得实实在在的落实。

参考文献

格兰特·威金斯，杰伊·麦克泰格. 追求理解的教学设计[M]. 闫寒冰，宋雪莲，赖平，译. 上海：华东师范大学出版社，2017.

吴增强. 小学生心理健康教育自助手册（试用本）教学参考资料[M]. 上海：上海教育出版社，2012.

小学美术"版画艺术"单元逆向教学设计

吴淑琼

传统的小学美术教学以教师的讲授、示范为主,教师研究教材、教参,设计教学活动,按部就班地开展教学及评价,在此过程中,缺少了课时与课时之间的联系,单元与单元之间的联系。教师思考更多、关注更多的是如何将教材上的美术知识与技能传授给学生,使学生学会怎么画这幅主题画、怎么做那个手工作品,而不是学生是否能将这些知识与技能运用到学习、生活中去。逆向教学设计使学生不仅学会知识与技能,更能将知识与技能迁移到新的问题、解决新的问题,也给小学美术课堂教学提供了新的思路。

一、逆向教学设计的含义

美国教育专家格兰特·威金斯与杰伊·麦克泰格在《追求理解的教学设计》一书中提出了逆向教学设计的理念和方法。他们把逆向教学设计定义为:教师从最终的结果——预期的目标出发,然后根据目标对学生学习的要求以及达到此要求而实施的教学来设计课程。围绕目标开展教学能够确保教学过程不偏离、不松散,从而促进学生更好地理解教学过程,并且能够迁移所学知识与技能,提高课程效率。

二、"版画艺术"单元的逆向教学设计

以上海教育出版社五年级美术"版画艺术"单元为例。这一单元通过欣赏与观察、交流与讨论、实践与体验等活动,知道吹塑纸版画、综合版画、石膏版画的不同效果;学会运用设计画稿、制版、印刷等版画技法表现吹塑纸套色版画、实物拼贴版画、石膏版画;感受版画艺术表现形式的多样性和材料的丰富性,发现版画艺术的独特美。根据逆向设计的模板,可以将这一单元的教学设计分为以下三个阶段:

阶段一：确定预期的学习结果

内容包括确定单元教学目标和预期的学习成果，其中预期的学习成果分为：预期的迁移、预期的理解、需要思考的基本问题和学生将要掌握的知识和技能。

1. 确定单元学习目标

《义务教育艺术课程标准》（2022年版）提出，艺术课程要围绕核心素养，体现课程性质，反映课程理念，确立课程目标；艺术课程要培养的核心素养主要包括审美感知、艺术表现、创意实践、文化理解等。由此我们确定本单元的学习目标如下：

（1）知道吹塑纸版画、综合版画、石膏版画的不同效果。

依据的核心素养：审美感知。审美感知是对自然世界、社会生活和艺术作品中美的特征及其意义与作用的发现、感受、认识和反应能力。审美感知具体指向审美对象富有意味的表现特征，以及艺术活动与作品中的艺术语言、艺术形象、风格意蕴、情感表达等。

（2）学会运用设计画稿、制版、印刷等版画技法表现吹塑纸套色版画、实物拼贴版画、石膏版画。

依据的核心素养：艺术表现。艺术表现是在艺术活动中创造艺术形象、表达思想感情、展现艺术美感的实践能力。艺术表现包括艺术活动中联想和想象的发挥，表现手段与方法的选择，媒介、技术和艺术语言的运用，以及情感的沟通和思想的交流。

依据的学科课程目标：能运用传统或现代的工具、材料和媒介，创作平面、立体或动态等表现形式的美术作品，表达自己的所见所闻、所感所想，学会以视觉形象的方式与他人交流。

（3）感受版画艺术表现形式的多样性和材料的丰富性，发现版画艺术的独特美。

依据的学科课程目标：能运用造型元素、形式原理和欣赏方法，欣赏、评述艺术家的作品，感受中外美术作品的魅力。

2. 预期的学习结果

学习结果是学习目标的具体化，目标和结果是抽象和具体的关系。

小学美术"版画艺术"单元逆向教学设计　177

（1）预期的迁移。

迁移就是将学到的知识和技能运用在新的情景中。迁移有两种，一是知识和技能的迁移，二是思想、情感、观点、原理、定律等的迁移。

① 学生能用设计画稿、制版、印刷等技法表现其他种类的版画。

② 学生能在观摩版画作品时表达自己的（审美、艺术）感受。

（2）预期的理解。

逆向教学设计强调对事物意义的理解，理解的对象是大概念，本单元的大概念是版画（吹塑纸版画、综合版画、石膏版画）、艺术美（意蕴美、造型美、形式美）。

关于理解，逆向教学设计者提出了理解的六个层面：①能解释（说明）：对于现象、事实、资料等提出有系统的叙述，做出有联系的分析，并提出阐明性的举例或例证。②能阐明（诠释）：讲述有意义的故事，对概念或事件能客观地揭示其意义。③能应用：将所学应用于新的、独特的、真实的情境中，或未知的情境中。④能洞察（有观点）：提出对事件、主题或情境的个人看法，并做出分析与结论，提出解决问题的方法。⑤能神入（有同理心）：展现设身处地为他人着想的能力，例如参与角色扮演、解读他人想法，以及分析他人行为并为其辩护等。⑥能自知：自我反思与评价，以及阐述反思后的新认识，克服有偏见的想法。

本单元的理解事项是：

① 理解吹塑纸版画、综合版画、石膏版画的概念（能解释）。

② 理解设计画稿、制版、印刷等版画技法（能应用）。

③ 理解吹塑纸版画、综合版画、石膏版画的制作方法（能应用、能洞察）。

④ 理解版画艺术的美感（能洞察）。

⑤ 理解版画作品表达的思想情感（能神入）。

（3）需要思考的基本问题。

基本问题由预期的理解转换而来，它们之间是对应关系。

① 什么是吹塑纸版画？什么是综合版画？什么是石膏版画？三种类型的版画作品有什么不同的特点？

② 如何设计画稿？如何制版？如何印刷？不同种类版画所需的技法有何区别？

③ 如何制作一幅吹塑纸版画？如何制作一幅综合版画？如何制作一幅石膏版画？它们之间有什么共同的地方？

④ 不同种类的版画作品在造型元素、形式原理等方面给你的感受是怎样的？

⑤ 为什么需要理解版画作品表达的思想情感？

（4）将要掌握的知识和技能。

学生将学会：①吹塑纸版画、综合版画、石膏版画的概念；②分辨不同种类的版画作品；③知道画稿、制版、印刷等技法的步骤；④吹塑纸版画、综合版画、石膏版画的制作步骤。

学生将能够：①制作一幅吹塑纸版画；②小组合作，制作一幅综合版画；③制作一幅石膏版画；④表达对不同种类版画作品的感受。

阶段二：确定合适的评估证据

1. 表现性任务

（1）做一做：学会设计画稿、制版、印刷，能用设计画稿、制版、印刷等技法呈现纸版画或木版画。

（2）讨论会：在观摩版画作品后的讨论中，能表达自己的（审美、艺术）感受。

（3）将制好的版印刷成版画作品。

2. 其他证据

（1）能说出不同种类的版画的造型元素、形式原理，并说出自己的感受。

（2）能说出不同类型版画作品的制作方法和步骤，以及它们的共同点。

（3）能说出版画作品蕴含的思想情感，并说出其意义。

（4）能分辨三种类型的版画并说出它们的特点。

（5）能比较单色版画与套色版画的色彩感受。

（6）能选择生活中不同肌理效果的材料，小组合作，巧妙设计并制版。

3. 学生的自我评价和反馈

（1）学生以个人或小组的形式展示作品。

（2）学生对照评价量表进行自我评价。

阶段三：设计合适的学习活动

学习活动要呼应所有的学习结果，要运用所有的评估证据，根据《追求理解的教学设计》一书的理念，本阶段活动以WHERETO要素进行设计。WHERETO的七个字母分别表示：

W——了解单元学习的方向（where）和预期结果（what）。

H——把握（hook）学生情况和保持（hold）学生学习兴趣。

E1——代表知识的体验（experience）和观点的探究（explore）。

R——反思（rethink）和修改（revise）。

E2——允许学生对自己的作业和应用进行自评、互评（evaluate）。

T——根据学生个体的需求、兴趣和能力来设计作业和活动（tailored）。

O——组织（organized）教学，使其最大限度地提升学生的学习动机与持续参与的热情，提升学习效果。

本单元的学习活动：

（1）欣赏吹塑纸版画作品：通过欣赏、观察吹塑纸版画作品，知道吹塑纸版画的特点；对比单色吹塑纸版画作品与套色吹塑纸版画作品的效果，理解不同的色彩感受。（W H）

（2）学习吹塑纸套色版画的制作方法：通过观察教师示范、交流讨论，学习吹塑纸套色版画制版、涂色、压印的方法。（H）

（3）体验制作吹塑纸套色版画：根据要求，独立制作一幅吹塑纸套色版画。（E1）

（4）认识综合版画：通过欣赏、观察综合版画作品，了解综合版画在造型元素、形式原理等方面的特点。（E1）

（5）探究实物肌理：每位学生课前自备肌理较为明显的实物，选择1—2种物品，尝试印出它们的肌理效果。（H E1）

（6）尝试创作综合版画：通过交流讨论、观察教师示范，知道综合版画的制作方法与步骤，以小组合作的形式，尝试选择合适的实物材料，合理组织画面，运用

设计、制版、印刷等方法,创作一幅综合版画。(HT)

(7)欣赏石膏版画作品:回顾吹塑纸版画、综合版画的作品,与石膏版画作品进行对比,发现石膏版画的特点。(E1R)

(8)设计石膏肖形印:通过欣赏古代肖形印作品,了解肖形印图案中蕴含的意义,发现肖形印的艺术特点,尝试设计肖形印。(WH)

(9)刻制、拓印石膏肖形印:通过观察教师示范,学习阴刻、阳刻的技法,选择喜欢的表现形式,合理运用技法,刻制肖形印,并将其拓印成作品。(TO)

(10)尝试制作其他种类的版画:复习、回顾已学的版画知识与制作技法,尝试制作其他种类的版画。(WH)

(11)举办版画展:展示完成的吹塑纸版画作品、综合版画作品和石膏版画作品,客观地评价自己与同伴的作品,表达对不同种类版画作品的感受(审美、构图、造型、色彩等)。(HT)

(12)评价和总结:在欣赏版画展后,根据要求,评价自己与同伴的作品,说一说不同种类版画作品的共同点和不同点,以及不同种类的版画作品在造型元素、形式原理等方面带来的感受。(E2O)

(13)交流参观展览的感受:师生互动,交流讨论,如何理解版画作品表达的思想情感?为什么需要理解版画作品表达的思想情感?(E2O)

单元活动共六课时,安排如下:第一课时,活动(1)(2)(3);第二课时,活动(4)(5)(6);第三课时,活动(7)(8)(9);第四课时,活动(10);第五课时,活动(11);第六课时,活动(12)(13)。

三、逆向教学设计的反思

1. 从"怎么教"转变为"如何学"

在传统的小学美术课堂教学中,教师往往是活动设计者、讲授者、主导者,学生是接受者、听从者。在教学中,教师提问、教师小结、教师示范等环节,看似在有序地推进教学活动,实则教师更关注的是能否根据教学设计,顺利地完成整节课。这样的课堂中,只有个别能力较强的学生积极参与交流讨论、分享自己的创意想法,大部分学生只能模仿教师示范的方法与步骤,完成一件类似的作品,在主动学习、创新意识等方面非常欠缺。

逆向教学设计改变了教师和学生的角色，教师在课前充分了解学生的需求，根据核心素养和课程标准，确定预期的学习目标、确定合适的评估证据、设计可以达成学习结果的活动，把课堂上有限的时间和空间还给学生，使学生真正成为学习主体，在目标任务的驱动下，由被动接受转变为主动学习，大大提高了学习兴趣和学习效率。

2. 注重"教—学—评"的一致性

评价一直都是教学过程中非常重要的一个环节，但在传统的教学模式中，评价始终是单一的、滞后的，教师总是在教学活动的最后，简单地用"你真棒""画得真不错"来评价学生的作品，显然这样的评价对于"教"与"学"没有起到有效的作用。

逆向教学设计强调学习目标、评估证据、学习活动的整体性和一致性，并将确定评估证据这一阶段提前，在设计学习活动时依据学习目标和评估证据来进行，三者之间内在的一致性，使教学有清晰的目标引领，有明确的评价导向。

参考文献

季洪旭. 单元教学探索：基于理解的逆向教学设计案例［M］. 上海：华东师范大学出版社，2019.

格兰特·威金斯，杰伊·麦克泰格. 追求理解的教学设计［M］. 闫寒冰，宋雪莲，赖平，译. 上海：华东师范大学出版社，2017.

中华人民共和国教育部. 义务教育艺术课程标准（2022年版）［S］. 北京：北京师范大学出版社，2022.

基于理解的传统文化单元逆向教学设计

——以小学美术"走近名作"单元为例

袁 寒

近年来,我国美术单元教学的研究逐渐深入,教师逐步树立了单元意识。但随着教育理论的革新,传统的学科单元教学模式也逐渐显现出一些局限性,学生学习到的都是反复操练的某种知识与技能,而不是知识的迁移、理解和运用。为此,采用基于理解的逆向教学设计对学生获取完整的经验和知识、提升美术学科核心素养具有重要作用。

一、逆向教学设计的优势

美国课程与教学专家格兰特·威金斯和杰伊·麦克泰格提出的逆向教学设计,强调"以终为始",以教学结果而非教学内容、教学活动为导向,为美术教学提供了关注学习本质的设计方法:先明确预期的教学结果,然后"像评估员一样思考",确定合适的评估证据,最后设计学习体验和教学。我们只要在预期结果中科学地嵌入学科核心素养目标,随着评估与矫正的展开,课堂教学就成了学科核心素养逐步渗透与形成的过程。本文以"走近名作"为例,尝试进行逆向教学设计,以期为美术学科核心素养的落地生根提供有效的范式。

二、"走近名作"的逆向教学设计

本单元是上海教育出版社美术教材三年级第一学期第三单元的"走进名作",共有"墨点的趣味""墨线的变化""水墨游戏"这三个教学内容。

阶段一:确定预期学习结果

三年级的"走近名作"是小学美术绘画主题下的有关水墨画的教学内容。根据《义务教育艺术课程标准》(2022年版),本单元的学习目标和学习结果如下。

1. 确定单元学习目标

（1）通过观察与尝试，知道水墨画的工具与材料的特性，初步学会水墨画的基本用笔、用墨的方法，感受水墨画的笔墨变化，激发学习水墨画的兴趣。

依据的核心素养：艺术表现——在艺术活动中创造艺术形象、表达思想感情、展现艺术美感的实践能力。

依据的美术课程目标：在中国画学习中，尝试运用毛笔、宣纸等绘画工具和材料，体验笔法、墨法的特点。

（2）学会欣赏国画大师的作品，能表达对作品的看法，感受水墨画的独特韵味，增强对民族传统艺术的了解和热爱。

依据的核心素养：审美感知——对自然世界、社会生活和艺术作品中美的特征及其意义与作用的发现、感受、认识和反应能力。文化理解——对特定文化情境中艺术作品人文内涵的感悟、领会、阐释能力。

依据的美术课程目标：欣赏中外著名艺术家的美术作品，了解不同美术门类的特点；能运用美术语言及一两种方法，评述中外美术作品，与同学分享和交流自己的体会；知道中国传统绘画技法是由我国历代画家不断探索、总结而成的。

（3）借鉴国画大师作品中的创意和方法，运用创造性思维，尝试创作富有变化的、有主题的水墨画面，培养创新意识，逐步养成敢于想象和乐于创造的习惯。

依据的核心素养：创意实践——综合运用多学科知识，紧密联系现实生活，进行艺术创新和实际应用的能力。

依据的美术课程目标：在创作美术作品时，能提出各种构想，并尝试运用各种表现形式和方法，创作富有创意的美术作品。

2. 预期的学习结果

预期的学习结果与单元学习目标是具体与抽象的关系，要把学习目标转化成具体的学习结果。预期的学习结果有迁移、理解、问题、知识与技能。

（1）预期的迁移。

迁移就是能运用所学的知识或技能举一反三。迁移可以分为知识技能的迁移和思想、情感的迁移。

① 学生通过学习，能够比较规范地使用水墨画工具与材料，完成水墨画作品。

② 学生通过欣赏，能够使用最基本的美术欣赏方法欣赏水墨画作品。

③ 学生借鉴水墨画大师作品中的创意和方法，来表现自己的水墨画作品。

④ 学生通过学习水墨画，增强对水墨画的热爱之情，会去云上美术馆等网站进行参观、学习，抒发热爱之情。

（2）预期的理解。

理解的对象是大概念。本单元的大概念是：水墨画（水墨工具、水墨材料、水墨技法），欣赏水墨画，热爱民族传统艺术。

① 水墨画的概念。（能解释）

② 基本的水墨工具与材料特性。（能解释、能应用）

③ 水墨基本的用笔、用墨方法。（能应用、能洞察）

④ 国画大师作品与他人作品中的笔墨韵味。（能阐明、能神入）

⑤ 自己创作的水墨作品的优点与缺点。（能自知）

⑥ 生活中水墨画带给我们精神上的享受。（能神入）

（3）预期的主要问题。

主要问题由理解转化而来，并指向大概念。

① 什么是水墨画？

② 水墨画的工具、材料有哪些？分别有什么特性？

③ 水墨画用笔、用墨的方法是什么？

④ 国画大师与他人是怎样表现出富有变化的笔墨韵味的？

⑤ 你觉得自己的水墨作品有哪些优点或需要改进的地方？

⑥ 如何利用水墨画来美化生活？

（4）预期获得的知识与技能。

学生将会知道：①水墨画的概念；②水墨画工具、材料的特性；③欣赏水墨画的方法。

学生将能够：①掌握水墨画中点、线、面的基本表现技法；②学会中锋和侧锋等用笔方法与干湿浓淡的用墨方法；③运用水墨画美化生活。

阶段二：确定合适的评估证据

1. 表现性任务

（1）说一说：能说出水墨画的基本概念。

（2）认一认：辨认毛笔、墨汁、宣纸、毛毡、印章等常用的水墨画工具。

（3）试一试：毛笔的执笔法，滴水对比铅画纸与宣纸的吸水性、落款与盖章的方式等。

（4）赏一赏：能从画家名字、作品名称、朝代、绘画题材、画面布局、墨色的变化、造型与线条等方面欣赏国画大师的水墨画作品，找到可借鉴的表现创意的方法。

（5）体验韵味：国画大师作品中蕴含的韵味。

（6）画一画：尝试用干湿浓淡的墨色表现不同的墨点、墨线与面，并用抓住事物特征的方式，通过创意添加，将它们想象成生活或大自然中的事物；尝试聆听音乐绘画，用不同的墨点、墨线表现出对音乐的感受。

（7）做一做：借用镂空的纸花瓶造型，寻找到自己作品中有墨色变化的最美的局部。

（8）观察示范：观察大师示范视频及教师现场绘画，找到水墨的表现技法。

（9）评一评：用语言介绍自己的水墨画作品并评价同伴的作品；利用评价表对自己和同伴的作品进行客观评价。

（10）美化生活：挑选得星数最多的 5 幅水墨画作品，美化班级。

（11）表达感想：说说学习水墨画的感想或对水墨画热爱的理由。

2. 根据预期结果，需要收集的其他证据

将自己的水墨画作品应用于生活的照片。

3. 学生自我评价、互评和教师评价

具体的评价标准见下表。

评价标准表

评价要素	评价标准			自评	互评	师评
	很满意（3星）	较满意（2星）	一般（1星）			
欣赏	能了解若干国画大师作品，能表达自己的审美感受	能了解2—3幅国画大师作品，能基本表达自己的审美感受	能在教师帮助下了解1—2幅国画大师的作品			
表现	能运用水墨画工具与材料，表现出墨色有丰富变化、布局有创意的画面	能基本运用水墨画工具与材料，表现出墨色有变化、布局合理的画面	能在教师帮助下运用水墨画工具与材料，表现出墨色有变化的画面			
表达	能运用水墨画知识向他人介绍自己的作品，并评价同伴的作品，给出修改意见	能向他人介绍自己的水墨画作品，并评价同伴的作品	能在教师帮助下介绍自己的水墨画作品，用评价表评价同伴作品			
兴趣与习惯	始终保持浓厚的兴趣，能积极发言，桌面整理干净	有一定的兴趣，能发言，桌面在教师提醒下能整理干净	能在老师或同伴的鼓励下产生学习兴趣，能偶尔发言，桌面在教师帮助下能整理干净			

阶段三：设计学习体验和教学活动

在明确了学习结果和相应的评估证据后，我们需展开思考：设计一些什么样的教学活动内容？怎样的形式更受学生欢迎？如何进行合理排序？逆向设计以WHERETO七个字母为活动进行编码，字母的含义分别为：

W——帮助学生知道本单元学生的方向（where）和预期的学习结果（what）。

H——帮助教师把握（hook）学生的基本情况和保持（hold）学生的学习兴趣。

E1——"武装"（equip）学生，帮助他们体验（experience）主要观点和探索（explore）问题。

R——为学生提供机会去反思（rethink）和修改（revise）他们的理解及学习

表现。

E2——为学生提供机会去自我评价（evaluate）。

T——对于不同学生的需要进行量体裁衣（tailored）。

O——合理组织（organized）教学，提升学生的学习动机和学习效果。

依据上述活动编码，设计本单元学习活动顺序如下：

（1）观赏有关水墨的视频介绍，说说看到的现象及水墨画的概念。（W H）

（2）图片欣赏，了解水墨画常见的绘画内容，了解"落款"与"盖章"。（E1）

（3）辨认毛笔、墨汁、宣纸、毛毡等常见水墨画工具，了解它们的用途及特性。（E1 O）

① 图片欣赏文房四宝，并对比、观察桌面上的水墨工具。

② 教师示范毛笔执笔法。

③ 实验对比铅画纸与宣纸的吸水情况。

（4）自主尝试绘画墨点、墨线，发现墨色的浓淡变化。（H O）

（5）聆听音乐并用墨点与墨线的方式表现所听音乐。（H O）

（6）交流并示范有变化的墨点、墨线，谈谈自己的绘画经验，师生共同找到影响墨色变化的因素。（R E2）

（7）观察教师示范"水破墨""墨破水"的画法。（E1）

（8）视频欣赏国画大师表现"破墨法"，感受其中的韵味。（E1）

（9）观察运笔方法动态图，练习用"中锋""侧峰"的方式绘画出墨线。（E1）

（10）再次绘画出有变化的墨点、墨线。（R）

（11）观察并思考自己绘画的墨点、墨线像什么，说说想象的理由。（H O）

（12）欣赏国画大师的作品，谈谈自己对名作的感受。（E1）

（13）将国画大师的作品与大自然中的事物进行对比，说说自己的发现。（O）

（14）尝试借鉴国画大师的绘画方式来表现自己的水墨作品或者在原有的水墨画作品基础上进行联想和添加，并取名。（R T）

（15）借用镂空的花瓶造型，发现自己的水墨作品中最美丽的局部。（R E2）

（16）展示作品，根据评价要求进行自评与互评，提出改进的设想。（R E2）

（17）欣赏水墨作品在生活中的运用，并将优秀作品张贴在展示墙上，美化班级。（H O）

（18）云上参观水墨画画展。（E1 O）

（19）说说学习水墨画的感想或对水墨画热爱的理由。（H）

以上活动共需三课时完成。第一课时"墨点的趣味"——主要是认识水墨画工具材料的特点，学会执笔和运笔的基本方法，初步学会水墨画中点的基本表现技法。第二课时"墨线的变化"——主要是了解水墨画各种线条的表现，初步学会中锋和侧峰的用笔方法，能画出有变化的墨线。第三课时主要是进一步了解水墨画的表现方法，初步学习水墨画的用笔、墨色浓淡及轻重快慢的变化。

本单元活动课时安排如下图：

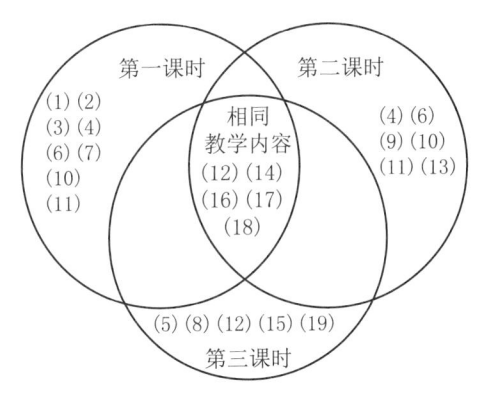

第一课时
(1)(2)
(3)(4)
(6)(7)
(10)
(11)

相同教学内容
(12)(14)
(16)(17)
(18)

第二课时
(4)(6)
(9)(10)
(11)(13)

第三课时
(5)(8)(12)(15)(19)

课时安排图

三、逆向教学设计带给我的启示

1. "以终为始"——打破传统教学模式

逆向教学设计与传统教学的顺序不同，它不是按照确定目标—组织教学—教学评价的正向思维模式来实施教学，而是按照确定结果—设计评估—学习体验的逆向设计思路来指导教学。这种"以终为始"的单元课程设计，从逻辑上看是顺向思维的思考模式，但从我们固有的思维习惯来说却是逆向思维的思考模式，跳出了固定思维的舒适圈。比如，在第一阶段提出的问题是：你觉得自己的水墨作品有哪些优点或需要改进的地方？第二阶段的证据是：用语言介绍自己的水墨画作品。第三阶段的活动是：展示作品，根据评价要求进行自评与互评。这样的"以终为始"的逆向设计，能够确保具体的教学活动与学生的学习成果相匹配，评估证据、教学活动设计都指向学生的学习成果，促进了教—学—评的一致性。

2."重点优先"——突出重点教学内容

教师有时在设定教学目标时，往往忽略有限的课堂时间，有太多的内容要教，却没有时间做到面面俱到的讲解，学生也没有充足的时间学习和消化。逆向教学设计认为内容标准应该被解析，以便设计者明确哪些教学内容需要学生持久理解，哪些教学内容只是简单了解。本单元的重点是学会基础的水墨画绘画技能，所以，在单元设计中，明确学生需要掌握的学科重点是学会水墨画的基本用笔用墨的方法，感受水墨画的笔墨变化等知识、技能、概念的范围和程度，为课程、评估、教学提供了教学重点。

3."大概念"——抓住学科核心素养

"大概念"并非是一个很庞大的、包含很多内容的模糊概念，相反，它是学科的"核心"。学生需要深入探究才能获得与大概念相联系的知识及其意义。教师通过"大概念"的引领，能帮助学生将零碎的、看似无用的知识进行关联，本单元的大概念是"水墨画""欣赏水墨画""热爱民族传统艺术"。教师通过这些大概念，引导学生将所学的知识与技能在新的情景中迁移运用，达成学生对"大概念"的理解，从而提升了学科核心素养。

参考文献

格兰特·威金斯，杰伊·麦克泰格.追求理解的教学设计［M］.闫寒冰，宋雪莲，赖平，译.上海：华东师范大学出版社，2017.

上海市教育委员会教学研究室.中小学美术单元教学设计指南［M］.北京：人民教育出版社，2018.

中华人民共和国教育部.义务教育艺术课程标准（2022年版）［S］.北京：北京师范大学出版社，2022.

图书在版编目(CIP)数据

基于理解的逆向教学设计案例集 / 王新颖主编 .—上海：上海社会科学院出版社，2023
 ISBN 978 - 7 - 5520 - 3809 - 5

Ⅰ．①基… Ⅱ．①王… Ⅲ．①教案(教育)—汇编—小学 Ⅳ．①G622.41

中国国家版本馆 CIP 数据核字(2023)第 030925 号

基于理解的逆向教学设计案例集

主　　编：王新颖
出 品 人：佘　凌
责任编辑：陈如江
封面设计：黄婧昉
出版发行：上海社会科学院出版社
上海顺昌路 622 号　邮编 200025
电话总机 021 - 63315947　销售热线 021 - 53063735
http://www.sassp.cn　E-mail:sassp@sassp.cn
照　　排：南京理工出版信息技术有限公司
印　　刷：上海新文印刷厂有限公司
开　　本：787 毫米×1092 毫米　1/16
印　　张：12.5
字　　数：199 千
版　　次：2023 年 3 月第 1 版　2023 年 3 月第 1 次印刷

ISBN 978 - 7 - 5520 - 3809 - 5/G·1242　　　　　　　　　　定价:68.00 元

版权所有　翻印必究